Über das Buch Als Kurt Waldheim 1986 für das Amt des österreichischen Bundespräsidenten kandidierte, wurde bekannt, daß er Mitglied des SA-Reitersturms war. Keineswegs sanken daraufhin seine Chancen für die Wahl. Im Gegenteil: Unter den Wählern stieg die Zustimmung für seine Person rapide an.

Diese Tatsache macht Josef Haslinger zum Ausgangspunkt seines *Essays über Österreich*. Er versucht zu verstehen, welches Verhältnis der Österreicher zur Vergangenheit hat, aber auch welches Verhältnis zur demokratischen Gegenwart durch diese Wahl zum Ausdruck kam. Dabei interessiert ihn Waldheim letztlich nur als politischer Repräsentant einer politischen Stimmungslage, als markantes Ergebnis eines weithin vorherrschenden gesellschaftlichen Klimas. Haslingers Analyse versucht gleichsam das psychosoziale Unterfutter zu sondieren, das Wahlentscheidungen wie die für Waldheim möglich macht. Der Essay wird damit auch zu einer Abrechnung mit der Sozialdemokratie, die, schon bevor Waldheim triumphierte, den Entschluß faßte, von der Vergangenheit dieses Kandidaten (und also auch von der Vergangenheit Österreichs) zu schweigen – eine Kapitulation vor dem Wunsch nach politischem Vergessen und Verdrängen.

Nicht zuletzt ist Haslingers Buch ein wortmächtiges Plädoyer für eine andere Politik, die sich frei macht von dem alten, längst überlebten Lagerdenken, von den längst unfruchtbar gewordenen Gegenüberstellungen von Ost und West, Rechts und Links.

Josef Haslinger, 1955 in Zwettl (Niederösterreich) geboren, lebt in Wien als freier Schriftsteller. Im Fischer Taschenbuch Verlag erschienen der Essayband *Das Elend Amerikas. Elf Versuche über ein gelobtes Land* (FTV 11337) und die Novellen *Der Tod des Kleinhäuslers Ignaz Hajek/ Die mittleren Jahre* (Bd. 12917). Im Frühjahr 1995 veröffentlichte der S. Fischer Verlag seinen Roman *Opernball*.

Josef Haslinger
Politik der Gefühle
Ein Essay über Österreich

Überarbeitete Neuausgabe

Fischer
Taschenbuch
Verlag

Überarbeitete Neuausgabe
Veröffentlicht im Fischer Taschenbuch Verlag GmbH,
Frankfurt am Main, Oktober 1995

Der Erstdruck erschien 1987 beim Hermann Luchterhand Verlag GmbH & Co KG.
Darmstadt und Neuwied,
1989 im Luchterhand Literaturverlag GmbH, Frankfurt am Main
© 1995 Fischer Taschenbuch Verlag GmbH, Frankfurt am Main
Satz: Fotosatz Otto Gutfreund GmbH, Darmstadt
Druck und Bindung: Clausen & Bosse, Leck
Printed in Germany 1995
ISBN 3-596-12365-8

Gedruckt auf chlor- und säurefreiem Papier

Inhalt

Vorwort zur Neuausgabe 9
Der Familienmensch 17
Ein Präsident wird gewählt 24
Politik der Gefühle 50
Kleine Geschichte der politischen Nachkriegsmoral 59
Der braune, unterirdische Fluß 74
Ilse M. Aschner erzählt 91
Die Inszenierung des Erinnerns und die Inszenierung
   des Vergessens 106
Eine Partei rinnt aus, eine andere plustert sich auf 115
Wir und der Nationalsozialismus 122

Für Ilse M. Aschner und alle Österreicher,
die ihre Pflicht nicht erfüllt haben.

International sollten die kulturellen Kontakte mit den Schriftstellern und Künstlern in Österreich multipliziert werden, und auch die Kontakte mit der österreichischen Bevölkerung. Aber den österreichischen Staat muß man jetzt boykottieren. Wir müssen einen Cordon sanitaire um Waldheim legen. Waldheim muß in Quarantäne.

(Bernard-Henri Levy)

Ich bin ein Nachtmensch, und sechs Stunden Schlaf reichen mir. So um sieben Uhr früh stehe ich auf, nach der Gymnastik dusche ich mich zuerst heiß und dann ganz kalt, und um acht frühstücken wir gemeinsam: Meine Frau trinkt den Kaffee ohne und ich mit Zucker und ein bisserl Milch, dazu frisches Gebäck und Marmelade. Im Bett frühstücken habe ich schon immer gehaßt. Ich muß frisch rasiert, angezogen und bei Tisch meinen Morgenkaffee genießen.

(Kurt Waldheim)

Vorwort zur Neuausgabe

Ich wünschte mir, dies wäre ein historisches Buch, doch ich fürchte, es ist aktueller denn je. Die Formulierung »Politik der Gefühle« ist seit 1987, dem Ersterscheinungsjahr, häufig verwendet worden. Sowohl von Politikern als auch von Journalisten wurde sie aufgegriffen, und sie fand Platz in so mancher Schlagzeile. Fast immer diente sie zur Kennzeichnung eines politischen Verhaltens, das Ängste und Vorurteile gegen bestimmte Menschengruppen schürt.

Die Thesen des Buches *Politik der Gefühle* wurden aber auch immer wieder zurückgewiesen. Sowohl vom »grünen« Journalisten Günther Nenning als auch von rechtslastigen Rezensenten. Einer von der letzteren Sorte erkannte anhand des Buches »mit erschrekkender Klarheit die Arroganz sogenannter antifaschistischer Intellektueller«. Zum Beispiel daran, daß »Karl Renner für seine unbestritten der vorherrschenden Gesinnung folgenden Anschlußerklärungen verurteilt« wird.

Günther Nenning wiederum meinte, meine Forderungen liefen auf eine unmenschliche, kalte, technokratische Politik hinaus. Eine Politik ohne Gefühle könne und solle es nicht geben. Als hätte ich dies jemals behauptet.

Der sozialdemokratische Ökonom und Finanzwissenschaftler Egon Matzner wiederum wehrt sich nachdrücklich dagegen, Österreich in den Jahren von 1938 bis 1945 als ein nazibegeistertes Land zu sehen. Er gibt zu Recht zu bedenken, daß sich eine solche Sichtweise auch in neonazistischen Publikationen findet. Mit Genugtuung werden darin die Anschlußempfehlungen der österreichischen Bischöfe und von Karl Renner nachgedruckt. Aber sind sie deswegen historisch unzutreffend?

Daß in den ersten Tagen nach dem Einmarsch Zehntausende Österreicher verhaftet wurden, ändert doch nichts daran, daß das

Gros meiner Landsleute den Einmarsch begrüßte. Matzners These, daß drei Viertel der österreichischen Bevölkerung den Nazis fernstanden, möchte ich bezweifeln. Aber selbst wenn ich mich irren sollte, hielte ich bei einem derart verheerenden Phänomen wie dem Nationalsozialismus eine allzu selbstkritische Darstellung für produktiver als eine verharmlosende. Die Tatsache, daß Jörg Haider die Zweite Republik sturmreif schießen will, kann doch nicht andere davon abhalten, erkannte Mängel, zum Beispiel die notorische Verdrängung von Österreichs NS-Geschichte, unausgesprochen zu lassen. Immer noch kommt es auf die Richtung der Kritik an und auf den Standpunkt, von dem aus sie geübt wird.

Mißverstanden wurde das Buch auch von jenen, die es schlicht als »Anti-Waldheim«-Buch lesen wollten. Um Waldheim als Person ist es mir nie gegangen. Immer nur um Waldheim als politisches Phänomen. Außenpolitisch ist das eingetroffen, was Bernard-Henri Levy gefordert hatte. Waldheim war während seiner Präsidentenjahre in Quarantäne. Der Staat wurde nach außen vom Bundeskanzler vertreten. Dennoch hätte Kurt Waldheim gerne für eine zweite Amtsperiode kandidiert. Doch die ÖVP winkte ab. Sie brachte einen anderen Diplomaten des Außenamtes ins Rennen, der in den vorangegangenen Jahren im wesentlichen mit Schadensbegrenzung beschäftigt war. Thomas Klestil war gleichsam die sanfte Lösung zur Entsorgung der Waldheim-Jahre. Er wußte, was seine jeweiligen Zuhörer hören wollten, und er sagte es ihnen, wobei er den von Waldheim hinterlassenen Fettnäpfchen geschickt auswich.

Daß das Buch *Politik der Gefühle* in den Diskussionen um Österreichs nationalsozialistische Vergangenheit eine gewisse Rolle spielte, wurde mir deutlich, als ich von Mitte Jänner bis zum 12. März 1988, dem 50. Jahrestag des Anschlusses, keinen freien Abend hatte. Die Zeitungen und Zeitschriften waren damals voll mit historischen Berichten, die Volkshochschulen und Veranstaltungshäuser gaben sich alle Mühe, dem Thema die so lange versagte öffentliche Beachtung zu schenken. Aber ab dem 13. März hatte ich wieder jede Menge Zeit.

Stand auch das Thema für die folgenden sieben Jahre nicht mehr im Vordergrund der politischen Debatten, es blitzte zwischendurch immer wieder auf. Dafür sorgte allein schon Jörg Haider. Seine Aussprüche von der »ordentlichen Beschäftigungspolitik des Dritten

Reiches« bis zur Kennzeichnung der Konzentrationslager als »Straflager« begleiteten das politische Leben wie ein unabstellbares Echo aus dem braunen Gebirgsmassiv unserer Geschichte. Es war unumgänglich, auf Jörg Haider und seine F-Bewegung im Zuge der Aktualisierung dieses Buches stärker einzugehen. Er scheint der wahre Erbe dessen zu sein, was im Waldheim-Wahlkampf zum Ausdruck kam.

Ursprünglich enthielt das Buch noch ein Kapital über die soziale Lage in Österreich. Dieses einfach mit neuem Datenmaterial anzureichern, erschien mir zu oberflächlich. Da sich sowohl die Rahmenbedingungen der österreichischen Wirtschaft als auch die sozialen Strukturen in den letzten Jahren doch in hohem Maße gewandelt haben, bedürfte es einer grundlegend neuen Studie, die den Rahmen dieser Publikation sprengen würde.

Hingegen habe ich das Kapitel über die SPÖ, »Eine Partei rinnt aus«, aktualisiert und durch Gedanken über den Aufstieg der FPÖ erweitert. In der alten Ausgabe des Buches hatte ich geschrieben: »Das politisch bewußte Proletariat ist in Österreich zur Zeit derart in die Defensive gedrängt, daß eine Politik, die sich seiner Bedürfnisse annimmt, als Minderheitenpolitik erscheint. Eine Politik der Gefühle kann sich also im Moment darüber hinwegsetzen, so wie sie sich über alles hinwegsetzt, was nicht werbe- und damit mehrheitsfähig ist. Aber gerade die Fortsetzung dieser Politik der Illusionen vom Leistungsglück (...) kann innerhalb von kurzer Zeit eine Proletarisierung schaffen, bei der die SPÖ dann endgültig auf der falschen Seite steht.« Heute kämpft die SPÖ verzweifelt darum, ihre Stammwähler aus den Wiener Gemeindebauten Jörg Haider wieder abspenstig zu machen.

Seit der Waldheim-Affäre hat sich einiges getan. Zum Beispiel wurden die österreichischen Geschichtsbücher umgeschrieben. Immer noch sind sie sehr zurückhaltend, was die konkrete Nennung von österreichischen Mittätern betrifft, aber der Ton hinsichtlich unserer Beteiligung am Nationalsozialismus hat sich geändert. An den Stätten ehemaliger Konzentrationslager, meist Nebenlager von Mauthausen, wurden Gedenksteine errichtet. Die von den Nazis Verfolgten wurden bei der Berechnung der Pension den SS-Männern gleichgestellt, die bis 1988 gegenüber ihren Opfern bevorzugt waren. Die Sinti und Roma, vom Entschädigungsgesetz für KZ-Opfer gegenüber anderen Häftlingen benachteiligt, wurden 1993 als nationale Minderheit anerkannt.

Was fehlte, war das offizielle Eingeständnis, mit einer bequemen Geschichtslüge gelebt zu haben. Es kam von Bundeskanzler Vranitzky am 9. Juni 1993 in Israel, nachdem ihm das Ehrendoktorat der Hebrew University of Jerusalem verliehen worden war. Er sprach von »unserer Mitverantwortung für das Leiden, das nicht Österreich – da der Staat ja nicht mehr existierte –, aber einige seiner Bürger anderen Menschen und der Humanität zugefügt haben«.

Im Bundeskanzleramt und in der Jüdischen Gemeinde trafen daraufhin Tausende von Briefen ein. Was heißt das? fragten die vertriebenen Landsleute. Kriegen wir unsere Wohnungen wieder zurück? Oder will Österreich nun Wiedergutmachung zahlen?

Zerknirscht darüber, daß sich diese Frage noch immer nicht von selbst erledigt hat, sucht seither die österreichische Regierung nach einer maßgeschneiderten Lösung für ein Jahrzehnte währendes Versäumnis. Bundespräsident Klestil – für einen starken Auftritt jederzeit zu haben – legte im November 1994 noch ein Schäuflein nach. Vor der Knesset bekannte er seine »tiefe Betroffenheit vor den Opfern« und fügte hinzu, »daß manche der ärgsten Schergen der NS-Diktatur Österreicher waren«. Und dann sagte er noch: »Wir wissen, daß wir lange Zeit nicht genug und auch nicht immer das Richtige getan haben, um das Los der Überlebenden der jüdischen Tragödie und der Nachkommen der Opfer zu lindern.«

Vergeblich warten wir nun darauf, daß der Bundespräsident diesen Satz vor der österreichischen Öffentlichkeit wiederholt. Denn kaum war er wieder in Wien, erklärte er, daß es bei so furchtbaren Verbrechen in Wirklichkeit gar nicht möglich sei, die Opfer zu entschädigen. Man wolle nur bedürftige Überlebende und einige Institutionen unterstützen.

Die Zahl der zumeist nur um ein Haar dem Tod entronnenen Landsleute hat sich mittlerweile von weit über hunderttausend auf etwa 25 000 reduziert. Wollte man diesen alten Menschen gegenüber eine bescheidene, aber doch nennenswerte Geste setzen, müßte man etwa drei Milliarden Schilling aufwenden, ein Sechstel des jährlichen Netto-Beitrags für die EU. Ein Dreiunddreißigstel dessen, was in den nächsten Jahren für die Aufrüstung des Bundesheeres ausgegeben werden soll. Doch davon kann keine Rede sein.

Nichts scheint die Regierung mehr zu fürchten als ein paar rabiate Abgeordnete, denen es offenbar gelingt, den österreichischen Parlamentarismus jetzt, da er endlich im Begriffe ist, sich zu entfalten, in eine emotionale Hölle zu verwandeln. Man hat Angst davor, einer dieser Abgeordneten, oder gar ihr Führer, könnte aufstehen und sagen: Den Österreichern nehmt ihr das Geld weg, um es den Juden in die Tasche zu schieben!

Jeder Gedanke an einen Rechtsanspruch auf Wiedergutmachung – vielleicht sollte man besser sagen: Restanspruch – wurde ad acta gelegt. Statt dessen schuf man einen »Fonds für die Opfer des Nationalsozialismus«, der für soziale Härtefälle und Sonderprojekte zuständig ist. Aber selbst damit hat es seine liebe Not. Das entsprechende Gesetz konnte nicht, wie vorgesehen, zum 50. Jahrestag der Befreiung verabschiedet werden. Die Hauptsorge schien zu sein: Nur keine neue Judendebatte. Was dabei zum Vorschein käme, könnte unser neues europäisches Image empfindlich stören.

So versuchte man sich durch die Jahrestage der Befreiung durchzulavieren. Am 7. Mai 1995 nahm die Bundesregierung an der traditionellen Gedenkveranstaltung in Mauthausen teil. Ansonsten hielt man den 27. April für den geeigneten Feiertag. Daß Karl Renner, der Mann, der fünfzig Jahre zuvor die provisorische Regierungserklärung vorgelegt und somit die Zweite Republik begründet hatte, ein alter Anschlußbefürworter war und daß seine Erklärung auf eine Exkulpierung für »das macht- und willenlos gemachte Volk Österreichs« hinauslief, soll nicht weiter beunruhigen. Man hat ein Datum, das man herzeigen kann und das in der Chronologie fast wie Widerstand klingt. Deshalb hat man an diesem Tag Persönlichkeiten der Widerstands- und Opferverbände sowie jüdische Prominenz zu einer gemeinsamen Festsitzung von National- und Bundesrat gebeten, ihnen schöne Worte und anschließend ein Mittagessen mit dem Bundeskanzler serviert und sie schließlich am Abend zu einer Galavorstellung der Wiener Staatsoper geladen. Zehn der jüdischen Ehrengäste hatten nach dem neuen Mitverantwortungsgerede der Regierungsverantwortlichen Entschädigungsanfragen an das Bundeskanzleramt gerichtet. Sie waren von zehntausend Briefschreibern nach dem Zufallsprinzip ausgewählt worden. So wurden nette Gesten gesetzt, und es wurde geredet. Zwar endlich die Wahrheit. Aber das Leben in der Wahrheit war vom Leben in der Lüge kaum zu unterscheiden.

Zu einem verantwortungsvollen Umgang mit der Geschichte gehört nicht nur ein offenes Bekenntnis, dazu gehört auch ein Handeln, ein tätiges Wiedergutmachen. Es kann nichts von dem, was geschehen ist, ungeschehen machen. Aber es kann die Ernsthaftigkeit der späten Erkenntnis bekunden und eine neue Kultur des Zusammenlebens unterschiedlicher ethnischer, religiöser und politischer Gruppen begründen.

Wenn die österreichische Regierung nicht einmal zum 50. Jahrestag der Befreiung fähig ist, mit der Vergangenheit reinen Tisch zu machen, dann ist das Wiederaufleben des rechten Terrors kein Zufall. Dann gesellt sich zu den rassistischen Morden und Mordversuchen offenbar noch eine weitverbreitete Gesinnung, die bis heute nicht in der Lage ist, aus dem, was unsere Landsleute unseren Landsleuten und anderen Völkern angetan haben, endlich die überfälligen Konsequenzen zu ziehen. Aussichtslos scheint die Lage freilich für diejenigen geworden zu sein, die ihr ganzes erwachsenes Leben vergeblich darauf hofften, ihr altes Heimatland würde irgendwann begreifen, daß es jenseits aller politischen Taktik und Profilierungssucht auch Dinge gibt, die sich einfach gehören.

Bis heute konnte sich die österreichische Regierung nicht dazu aufraffen, den vertriebenen Österreichern generell eine Doppelstaatsbürgerschaft zu gewähren. Dazu bedarf es außerordentlicher Leistungen »insbesondere auf wissenschaftlichen, wirtschaftlichen und sportlichen Gebieten«. Kommt ein prominenter jüdischer Emigrant auf Wien-Besuch, wird ihm der österreichische Paß in die Hand gedrückt. Fliegt der österreichische Bundeskanzler in die USA, hat er immer auch ein paar Pässe für prominente ehemalige Österreicher im Gepäck. Die anderen müssen ein Ansuchen stellen und ihre »außerordentlichen Leistungen« begründen. Das hat natürlich einen handfesten Grund: Zahlungen nach dem Opferfürsorgegesetz werden nur Personen mit österreichischer Staatsbürgerschaft gewährt.

Um den schönen Reden in Israel noch eins draufzusetzen, verbreitete der österreichische Botschafter Herbert Kröll Phantasiezahlen. Er behauptete im August 1994, insgesamt seien bisher 200 bis 300 Milliarden Schilling an Verfolgte ausbezahlt worden. Von »Staberl«, einem Kolumnisten der *Neuen Kronen Zeitung,* wurde diese fiebrige Image-Phantasie dankbar aufgegriffen. Die Historikerin Brigitte

Bailer wies nach, daß die Entschädigungszahlungen für alle Verfolgungsopfer des Nationalsozialismus tatsächlich nicht einmal acht Milliarden Schilling ausmachten.

Fünf Jahrzehnte lang lagerten in verschiedenen Archiven, vor allem in der Kartause Mauerbach und später in Schloß Schönbrunn, Tausende seinerzeit »arisierter« Kunstgegenstände, deren ursprüngliche Besitzer zu ermitteln heute in den meisten Fällen kaum mehr möglich ist. Die Kunstwerke wurden von den Alliierten nach dem Krieg dem österreichischen Staat übergeben mit der Auflage, sie innerhalb von eineinhalb Jahren entweder den Eigentümern zurückzugeben oder, wenn dies nicht mehr möglich ist, den Verkaufserlös jüdischen Hilfsorganisationen und Opferverbänden zur Verfügung zu stellen. Man ließ sich bis 1969 Zeit, bis man in der *Wiener Zeitung* eine erste Liste der Kunstgegenstände publizierte. In den folgenden zehn Jahren wurden ganze 72 Kunstwerke zurückerstattet. Als die amerikanische Zeitschrift *ARTnews* darüber berichtete, wurde die Restitutionsfrist verlängert. Allerdings durften die Antragsteller die Kunstgegenstände nicht sehen. Sie mußten sie genau aus dem Gedächtnis beschreiben. Wer sich nicht innerhalb von sechs Monaten meldete, hatte seinen Anspruch verloren. Von den 8000 Objekten wurden insgesamt 400 zurückerstattet. Der Rest verfiel an die Republik Österreich. Aber so richtig wohl fühlt man sich nun doch nicht dabei. Wenigstens diese Kunstgegenstände loszuwerden, ist man nach jahrzehntelanger Geheimniskrämerei nunmehr entschlossen.

Zu einem rechtlichen Anspruch auf Wiedergutmachung konnte sich Österreich nie aufraffen. Die These von Österreich als dem ersten Opfer der Hitler-Barbarei war in jeder Hinsicht wohlfeil.

Waldheim war gut für das Land. Seine Wahl zum Bundespräsidenten war eine Herausforderung, die man nicht einfach abschütteln konnte. Als ich 1986 das Buch *Politik der Gefühle* schrieb, tat ich es, um mir ein Bild von dem Land zu machen, in dem Waldheim gerade zum Bundespräsidenten gewählt wurde. Nur eine kleine Zahl von Forscherinnen und Forschern beschäftigte sich damals mit Österreichs nationalsozialistischer Vergangenheit. Neun Jahre später sind die Publikationen zu den verschiedensten regionalen, nationalen, kulturellen und politischen Aspekten dieses Themas nur mehr für Spezialisten überschaubar. Nicht, daß nun alles geklärt wäre. Aber es wurden doch einige fundamentale Mythen zerstört. Auch neue

Mythen, die Österreich im Handumdrehen in ein Land voller Täter verwandelten. Der Blick auf die eigene Geschichte ist nüchterner und differenzierter geworden.

Nicht alle konnten diesen selbstkritischen Schub einer Nation mitvollziehen. Auf der anderen Seite stiegen, nicht zuletzt auch durch die politischen Umbrüche seit 1989, die Verunsicherung und der Wunsch, die eigene Identität wieder in einfacheren Bildern zu fassen. In Bildern der eigenen unschuldigen und rechtschaffenen Existenz und in Bildern der Bedrohung dieser Idylle durch Feinde. Jörg Haider und seine F-Bewegung geben ihr Bestes, diesem Bedürfnis zu genügen.

Andere schritten zur Tat. Seit dem 3. Dezember 1993 wurden laufend politische Mordanschläge verübt. Es explodierten drei Rohrbomben und sieben Briefbomben. Letztere wurden in mehreren Serien verschickt. Die Attentate richteten sich gegen Angehörige von ethnischen Minderheiten und gegen Personen, die Minderheiten und Ausländer in irgendeiner Form unterstützten. Die Bilanz bei der Abfassung dieses Vorworts: vier Tote und zehn Verletzte.

Wien, im Juni 1995

Der Familienmensch

Eine Frau läuft zum Bahnhof. In der einen Hand trägt sie einen Koffer, mit der anderen zieht sie an einem Kind, das kaum Schritt halten kann. Sie wendet den Kopf immer wieder zurück. Dann bleibt sie plötzlich stehen. Aus einem Auto springt ein Mann heraus, ohrfeigt sie, entreißt ihr Kind und Koffer. Sie steigt ins Auto ein. An einer Kreuzung läuft sie davon.

Einen Tag später ist sie bei ihren Eltern auf dem Land. Sie erzählt, ihr Mann habe sie von Anfang an geschlagen. Sie zeigt die blauen und gelben Flecken an ihrem zittrigen Körper. Sie sagt, er habe seit Jahren eine Freundin, er zwinge sie, Valiumtabletten zu nehmen. Mit den Fingern fährt sie durch ihr zerzaustes Haar. Sie erzählt von seiner Drohung, sie umzubringen, wenn das Kind einen Vierer im Zeugnis hat. Zeitweise stiert sie ins Leere und ist nicht ansprechbar. Sie berührt ihre Nase, die zur rechten Backe hin verquollen ist. Gestern war Zeugnistag, sagt sie, er hat einen Vierer gekriegt.

Die Mutter sitzt hilflos da, der Vater läuft in der Küche auf und ab. Sie waren der Meinung, ihre Tochter sei glücklich. Ihr Mann gilt als anständiger Mensch, er arbeitet bei der Justiz.

Ich will nicht mehr zu ihm zurückkehren, sagt sie. Du mußt nicht mehr zurück, antwortet der Vater. Die nächsten Tage verbringt sie im Haus. Sie will nicht, daß die Dorfleute ihre Wunden sehen. Am Sonntag, während die Eltern in der Messe sind, wird sie von ihrem Mann zurückgeholt.

Wenn die Eltern anrufen, legt der Mann den Hörer wieder auf. Die Tochter geht nicht ans Telefon. Wenn sie hinfahren und an der Haustür klingeln, wird nicht geöffnet, obwohl alles darauf hindeutet, daß jemand im Haus ist. Da es ihnen eine Woche lang nicht gelingt, ihre Tochter zu erreichen, verständigen sie die Gendarmerie.

Die uniformierten Männer ziehen beruhigt wieder ab. Sie saßen einer friedlichen Familie gegenüber. Die Frau erzählte, sie habe eine kleine Krise gehabt, aber es gehe ihr schon wieder gut. Der Mann erzählte, er hänge sehr an seiner Familie und sei froh, daß seine Frau sich wieder gefangen habe. Sie stellten fest, daß sie einander von bestimmten amtlichen Fällen schon kennen, aßen noch eine Jause gemeinsam, tranken Bier dazu. Ja Krisen, sagte der eine Gendarm, die kommen überall vor. Dann schmunzelte er. Wenn wir verständigt werden, müssen wir nachschauen. Manchmal liegt ja wirklich eine Leiche herum.

Zur gleichen Zeit wird hinter einer neu errichteten Gartenmauer das Familienerbe arrangiert: Biedermeier- und Barockmöbel, Ölgemälde und Gobelins. Der erfolgreiche Kandidat hat seine Amtsvilla bezogen. Er weiß, wem er seinen Erfolg zu verdanken hat. Zuletzt siegt in Österreich immer der Familiensinn. Die Familie ist der Hort der Erkenntnis, daß nicht die Verhältnisse falsch sind, sondern das Bild, das man sich von ihnen macht. Familiär betrachtet gerinnt jede Unsittlichkeit zum Sittengemälde.

Auch der Kandidat war nahe daran aufzugeben. Da hat seine Familie gesagt, das sähe ja wie ein Eingeständnis aus. Die Familie muß keine Eingeständnisse machen, denn einzig sie hat in einer seit dem Sündenfall verfluchten Welt den Segen Gottes auf ihrer Seite. Was die Familie getan, hat Gott getan.

Der Kandidat, heißt es in einer Wahlbroschüre, »ist ein Familienmensch«. Und er ist Katholik. Er kennt die Kraft der Familie, und er kennt ihre Gnade. Die Familie ist jene Sphäre, in der das verlogenste Leben als wahrhaftig erscheint. Sie ist das Taufbecken der Gesinnungslosigkeit. Was zur Familie gehört, kann politisch nicht belangt werden. Beim Kandidaten, dem Familienmenschen, war schon immer alles familiär. Er erzählt: »So ist zum Beispiel in unserem Haus einmal eine Wohnung freigeworden. Mein Vater hat sie dringend für seine Familie und seine drei Kinder gebraucht. Nun war es doch damals so, daß man so etwas nur bekommen hat, wenn man nachweisen konnte, daß man in einem guten Verhältnis zur Partei stand. Da will ich wiederum nicht ausschließen, daß mein Vater den Eindruck erweckt hat, ich sei bei einer NS-Einheit gewesen. Jedenfalls hat er einmal eine Bemerkung gemacht, die man vielleicht so deuten könnte.«

So ist der Kandidat fälschlich schon drei Wochen nach dem Einmarsch deutscher Truppen in Österreich als Mitglied im Nationalsozialistischen Deutschen Studentenbund registriert worden. »Ein solches Mißverständnis«, sagt der Kandidat, »war damals eher nützlich – es konnte jedenfalls nicht schaden.« Auf die Frage, wieso er in einem persönlichen Fragebogen zur Bewerbung als Gerichtsreferendar eine Mitgliedschaft im SA-Reitersturm 5/90 eingetragen habe, bestreitet der Kandidat, diesen Fragebogen selbst ausgefüllt zu haben. »Solche Sachen«, antwortet er, »sind immer wieder von meiner Familie oder von Freunden erledigt worden.«

Im Gerangel um Geld, Macht und Prestige wird vom Kandidaten das Familienglück hochgehalten, als eine Art Reinwaschanstalt, aus der jeder unschuldig hervorgeht.

Die Familie ist eine Enklave in der politischen Welt. Mehr noch. Die Familie versteht sich als letzte Bastion gegen den allgegenwärtigen Zugriff des Politischen. Wenn einer, was in Österreich oft genug vorkommt, sagt, er interessiere sich nicht für Politik, dann kann er immer noch für den Kandidaten stimmen. Der Kandidat stellt sich zwar einer politischen Wahl, aber er tut dies als Inbegriff der von der Politik verfolgten Familie.

Braucht ein Präsidentschaftskandidat ein politisches Programm? Oder wenigstens eine erkennbare politische Gesinnung? Die politische Selbstdarstellung des Kandidaten ist denkbar einfach und für jeden verständlich. Er gibt sich als besorgter Familienvater, der für alle seine Kinder da ist. Er breitet die Arme aus und sagt: »Alle, die sich in diesem Land nicht vertreten fühlen, sollen in mir einen Fürsprecher haben.« Das ist die Mehrheit. Da sind jene, die ein Kernkraftwerk betreiben wollen, und da sind jene, die Gegner der Kernkraft sind. Da sind jene, die ihre Arbeitsplätze behalten wollen, und jene, die rationalisieren wollen. Jene, die unsere Vergangenheit vergessen, und jene, die die Erinnerung an sie wachhalten wollen. Jene, die von ihren Vertretern erwarten, daß sie die Familie aus der Gewalt des Staates befreien, und jene, die hoffen, daß der Staat sie aus der Gewalt der Familie befreit.

Der Kandidat wird für alle ein Fürsprecher sein, darin den Seligen und Heiligen ähnlich, denen ein inniges Verhältnis zum Allmächtigen nachgesagt wird. Karl Kraus schrieb: »Wenn eine Kultur fühlt, daß es mit ihr zu Ende geht, läßt sie den Priester kommen.«

Der Kandidat ist ein Missionar der Familie. Eine Postwurfsendung trägt die Überschrift: »Die Familie. Die wichtigste Einheit des Staates.« Darüber ein Bild, das des Kandidaten väterliche und großväterliche Liebe zu seinen Töchtern und »Enkerln« darstellt. Frohgemut schreitet er über eine blumige Wiese dem Betrachter entgegen. Im Text steht: »Er weiß aus eigener Erfahrung, wieviel Kraft die Geborgenheit in der Familie spenden kann.« Aber immer, wenn höheren Orts seelische Werte gespendet werden, spendet der Empfänger in bar. Der Broschüre lag ein Zahlschein bei.

Der Kandidat verwendet den Segen der Familie als Füllstoff für die Risse im politischen Leben.

Doch von welcher Beschaffenheit ist dieser Stoff? Die Frau ist die Triebfeder der Familie, der Mann ist der Zielstreber. Aus der inneren Sphäre der Familie strebt er in die Welt hinaus. Immer wieder, an allen Fronten des Lebens, droht dem Mann die Energie auszugehen, und er muß zurück, um sich von der Feder neu abstoßen zu lassen. Die prächtigen Kinder flattern wie Wimpel an seinem Mast.

Einsatzbereich und Folgeerscheinungen eines Geschlechtsteils werden zu Werbeträgern für ein politisches Amt.

Da ist zunächst die Frau. Obwohl sie selbst ausgebildete Juristin ist, wirkt sie im stillen. Sie ist die eigentliche Kraftspenderin. Der Kandidat hat sie in schwerer Zeit während eines Fronturlaubs in der Wiener Karlskirche geheiratet. Sie ist die älteste Tochter eines Nationalsozialisten und teilte in jugendlicher Schwärmerei die Gesinnung ihres Vaters. 1941 trat sie der NSDAP bei. Sie war schon damals die Triebfeder. Noch im Jänner 1945 wollte sie ihre Umgebung vom Endsieg überzeugen. Als aus dem Endsieg eine Niederlage wurde, was sicher nicht an ihrem Mann lag, flüchtete sie mit diesem enttäuscht in den britischen Sektor des besetzten Landes. Eine bescheidene Karriere war zu Ende gegangen. Was blieb? Die Familie und der Glaube. Doch es stand ihrem Mann eine neue Karriere bevor – und diesmal durfte sie am Endsieg teilhaben. Ihr Einsatz im Wahlkampf war ohnegleichen. Während ihr Mann zum hundertsten Mal kundgibt: »Ich bin praktizierender Katholik, und ich kann Ihnen eines sagen: Der Glaube hat mir viel gegeben. Unsere Generation hat sehr viel mitgemacht«, betätigt sich die Frau des Kandidaten als Expertin für NS-Gliederungen und erklärt ausländischen Journalisten zum hundertsten Mal die Harmlosigkeit des SA-Reitersturms 5/90, bei dem ihr Mann nicht einmal richtiges Mitglied war. Und während ihr Mann verkündet: »Eine Hauptaufgabe wird sein, sollte ich gewählt werden, die Werte der Moral und der Nächstenliebe wieder zur Geltung zu bringen«, verteilt sie in der Fußgängerzone Tulpen und Märzenbecher und sagt zu den verdutzten Hausfrauen: »Ich bin die Frau des Kandidaten.« Zwischendurch zischt sie ihrer Begleiterin, die den Blumenkorb tragen darf, zu: »Wo sind unsere Fotografen?« Der Kandidat ist inzwischen mit seiner Rede fertig, schüttelt überschwenglich Hände und schaut in jeden Kinderwagen hinein. Er hat Glück mit seiner Frau. Von Anfang an wirkte sie mit am ewigen Kampf des Mannes gegen die Widersacher.

Nicht minder die Kinder. Da ist der Sohn, ein Bankdirektor. Er läßt sich karenzieren, mietet sich in New York ein und macht Familienreklame. Ein solcher Vater war kein Nationalsozialist, er war nur Soldat. Die Widersacher haben nichts als trockene Dokumente in der Hand. Aber hier spricht der authentische Familiengeist. Der Bankdirektor ist nicht ohne Erfolg. Er weiß, auch in Amerika ist die Familie der Hort der inneren Wahrheit.

Und da ist die jüngste Tochter. Ihr Einsatz steht dem der Mutter in keiner Weise nach. Ihr obliegt es, die Jugend zu überzeugen. Und sie erzählt die schönsten Geschichten vom Familienmenschen. Der Kandidat, von Natur aus kein Vergötterer des Morgens, stand jeden Tag in der Früh auf, um mit ihr zu frühstücken. Sie erinnert sich, wie »der Sonntagvormittag ganz allein uns beiden gehört hat, wenn wir in Connecticut reiten waren«. Solches Familienglück vergißt man nicht. Bis zu zwölfmal pro Tag erzählt sie davon. »Für mich ist er der beste Vater.« Die Jugend ist gerührt. Sie war schon geneigt zu vergessen, daß es neben gelagerten Bomben und unter Giftwolken noch idyllisches Leben geben kann. »So wie die sind«, gerät die Jugend ins Schwärmen, »wollen wir auch sein.«

Die Familie ist das Tabernakel unseres Staates. Wie der sakrale Schrank unter Verbeugungen während des Zeremoniells der Messe geöffnet wird, so der profane im Zeremoniell des Wahlkampfs. Es macht Sinn, ihn für gewöhnlich geschlossen zu halten, man würde sonst sehen, daß in dem einen ein paar gepreßte Teigscheiben das ganze Geheimnis sind und im anderen ein paar verhärmte Menschen, die der Fernsehapparat nur mit Mühe in einem Raum zu halten vermag. Das Tabernakel lebt aber nicht von seinem Inhalt, sondern vom rituellen Getue, das diesen Inhalt umgibt.

Es geht im Wahlzeremoniell also nicht um die wirkliche Familie, sondern nur um die Aura, die man um diesen Begriff aufzubauen versteht. Und da mußte sich der sozialistische Gegenkandidat bald geschlagen geben. Im wesentlichen sagte er bald nur mehr: So wie der andere Kandidat möchte ich auch sein. Man sieht ihn in einer Broschüre mit seiner Familie im Park sitzen. Daneben der Text: Ein Bundespräsident, wie er sein soll.

Das Bild vermittelt etwas von der verzweifelten Erkenntnis, daß den Sozialisten die eigenen Werbestrategien gestohlen wurden. Noch bei der vorhergegangenen Nationalratswahl war es ihnen gelungen, Herbert Fux, einen Spitzenkandidaten der Grünen, samt seiner Partei aus dem Weg zu räumen, indem sie Artikel über sein Privatleben (»Fux und seine 5000 Hasen«) lancierten. Daß der Hohn vom imaginären Turm der Familienidylle herab ausgerechnet von einer sich progressiv gebenden Jugendzeitschrift ausging, ist Konsequenz jener familiären Strukturen in Österreich, die Ausländern so schwer begreiflich zu machen sind.

Wir Österreicher kennen seit dem Bürgerkrieg des Jahres 1934 nur eine einzige Familie, und die hat weiß Gott viel mitgemacht. Zuerst war sie klerikalfaschistisch, dann nationalsozialistisch, dann die Familie der ersten Opfer des Naziregimes, und schließlich wurde sie zur sozialpartnerschaftlichen Familie. Und wie, frage ich mich jetzt, soll man den ehrlosen Gesellen aus dem Ausland begreiflich machen, daß eine solch traditionsreiche Familie zusammenzuhalten, ihren Frieden und Segen zu wahren, ein welterfahrenes Politikerleben voll in Anspruch nimmt? Braucht eine solche Familie nicht ein Oberhaupt, das nicht nur vorurteilslos ist, sondern überhaupt urteilslos und offen nach allen Seiten? Ein Oberhaupt, dem man nicht nachsagen kann, sich jemals wirklich festgelegt zu haben? Ein Vater, dessen Familie im kleinen ein leuchtendes Vorbild dafür ist, was Österreich im ganzen sein könnte?

Als erstes, noch vor der Angelobung zum neuen Präsidenten der Republik, gibt der erfolgreiche Kandidat bei Hofrat Otto Talsky einen Umbauplan für die Einfriedung der Präsidentenvilla in Auftrag. Die schöne Intimität seiner Familie soll durch eine hohe Betonmauer vor Einblicken, -flüssen und -würfen aller Art geschützt werden. Da ist nichts Ungewöhnliches daran. Wer siegt und etwas auf die Tradition hält, baut Mauern. Die siegreiche Familie friedet sich ein.

Der ehemalige Wiener Polizeipräsident Dr. Günther Bögl hat im *Handbuch der Sicherheit* die Familie als »die Wurzel« und »die Keimzelle unserer sozialen Ordnung« definiert. Aber nicht nur *unserer* sozialen Ordnung. Die Familie, so werden die angehenden österreichischen Polizisten belehrt, ist die »Urzelle jedes Gemeinwesens«. Der von den USA reimportierte Triumph des Familienbiedermeiers über alle politischen Wirrnisse hinweg – selbst die Ernsthaftigkeit kriegerischer Verwicklungen zerstiebt im heiligen Lächeln des US-Präsidentenpaares – hat zu einer Art Internationale der Familienmenschen geführt. Verwandtenbesuche sind angesagt. Den deutschen Familienvater Kohl, der Herzblatt-Moral so verpflichtet wie der österreichische Kandidat, ließ sein in begnadeter Jugend entwickelter Familiensinn zum Helfer in Österreich werden: Er wisse, wen er zu wählen hätte, gab er im Waldheim-Wahlkampf bekannt.

Ein Präsident wird gewählt

Um dem politischen Phänomen Waldheim auf die Schliche zu kommen, ist es der falsche Weg, zu fragen, wie er wirklich ist und was er getan hat. Man muß untersuchen, wie er von der Wahlwerbung angepriesen wurde, wie er sich im Wahlkampf gegeben hat.

In einem Interview, das die französische Zeitung *Libération* in ihrer Wochenendausgabe vom 3./4. Mai 1986 veröffentlichte, war Bruno Kreisky überzeugt, daß Kurt Waldheim die Wahl nicht gewinnen würde: »Sein Sieg ist ausgeschlossen. Die Jungen werden nicht für ihn stimmen, die Arbeiter auch nicht. Und die Bauern halten ihn nicht für substantiell genug.«

Kreisky konnte sich auf seine langjährige Erfahrung mit politischen Wahlkämpfen stützen: Wer wichtigen Bevölkerungsgruppen kein politisches Programm zu bieten hat, kann nicht erwarten, gewählt zu werden. Doch Kreisky sollte sich täuschen. Der Wahlkampf wurde nicht um Berufs- und Sozialgruppen (Arbeiter, Bauern, Beamte, Pensionisten, Studenten usw.) geführt, die man mit politischen Aussagen gewinnen müßte, sondern um Mentalitätsgruppen. Das führte zu einer beachtlichen Umschichtung und Änderung der Wählerströme. Eine Studie des Instituts für empirische Sozialforschung belegt dies. Vor der Veröffentlichung der Waldheim-Dokumente durch *Profil* und *New York Times* Anfang März 1986 hatte Kurt Waldheim einen Vorsprung von etwa 5 % gegenüber dem sozialistischen Gegenkandidaten Kurt Steyrer. Diese Differenz wäre in einem traditionellen Wahlkampf aufzuholen gewesen. Immerhin hatte Kurt Steyrer, dem als ehemaligem Minister für Umweltschutz in der grünen Kandidatin Freda Meissner-Blau eine zweite Konkurrenz entgegentrat, seit seiner Nominierung 8 % aufgeholt und Waldheim im selben Zeitraum 8 % verloren. Der Abstand der beiden aussichtsreichsten Kandidaten in der entscheidenden Wahlkampfphase war also für Kurt Steyrer keineswegs hoffnungslos, zumal er auf einen kontinuierlichen Aufwärtstrend zurückblicken konnte, gegenüber einem anfangs kontinuierlichen Abwärtstrend von Kurt Waldheim, der in den letzten Wochen auf einem Niveau von etwa 40 % Wählerstimmen stabilisiert werden konnte.

Das Institut hat diese Trends unter Heranziehung der bisherigen Erfahrungswerte mit dem Wahlverhalten der Österreicher zu einem hypothetischen Modell hochgerechnet und ist zu folgendem Ergebnis gekommen: »Ein solches ›normales‹ Wahlverhalten hätte bei der Wahl dem SPÖ-Kandidaten einen Vorsprung versprochen.« Durch den beachtlichen Erstlingserfolg von Freda Meissner-Blau wäre eine Stichwahl notwendig geworden, die, wie schon bei früheren Präsidentschaftswahlen, äußerst knapp ausgegangen wäre.

Doch mit der Auseinandersetzung um Waldheims Vergangenheit begann eine ganz neue Phase des Wahlkampfs, die alle bisherigen Trends sofort ins Rutschen brachte. Die Mobilisierung der Gefühle, wie ich diese Phase nennen möchte, brachte Waldheim einen zusätzlichen Gewinn von 8 % der Wählerstimmen.

Es gab auch Wähler, die zunächst für Waldheim gestimmt hätten, nun aber absprangen, vor allem sozial engagierte Christen, für die ein Mitläufer im Naziregime, der dazu keine klaren Worte fand, als Präsident nicht akzeptabel war. Diesen standen jedoch etwa 450 000 Wähler gegenüber, die sich vor dieser Wahlkampfphase wahrscheinlich gegen Waldheim entschieden hätten. Sie kommen aus Gruppen, die sich nicht sozial oder beruflich, aber auch kaum durch politische Grundsätze definieren lassen, sondern nur durch politisch mobilisierbare Gefühlsstrukturen. Sie wurden gewonnen, weil Waldheim, der Kandidat, als Opfer von Diffamierungskampagnen präsentiert wurde. Die Wahlwerbung verstand es, die Waldheim-Kritik für die eigenen Zwecke zu nutzen. Sie arbeitete mit einer Doppelstrategie: Der Appell an eine bestimmte Gefühlslage, an einen bestimmten Sozialcharakter, wurde verstärkt durch die Umdeutung der Waldheim-Kritik als Diffamierung der potentiellen Waldheim-Wähler, ja aller Österreicher. Waldheim zu wählen war plötzlich nicht eine Frage der Gesinnung und der politischen Sympathien. Der Waldheim-Wähler sollte darin einen solidarischen Akt für das Opfer von Diffamierungskampagnen sehen, mehr noch, einen Widerstandsakt aus der eigenen Opferrolle heraus. Diese Strategie war für mehrere Themen nutzbar.

Der Pflichterfüller

Waldheim konnte als *Opfer* der Kritik gelten, weil er in der deutschen Wehrmacht »seine Pflicht erfüllt« hat. Die ehemaligen Kriegsteilnehmer sagten sich: Wenn man das jetzt in Frage stellt, dann betrifft es auch mich. Einfacher als durch ein Kreuzerl konnte man unbehagliche Fragen bisher nicht von sich schieben.

Der überwiegende Teil der Kriegsgeneration ist in Österreich unfähig gehalten worden, auf seine eigene Vergangenheit einen kritischen Blick zu werfen. Wenn man argumentiert, es gehe nicht um ihr Verhalten im Zweiten Weltkrieg, sondern um ihre heutige Einstellung dazu, erntet man entweder Unverständnis oder Aggression. Denn die österreichische Kriegsgeneration identifiziert sich in ihrer Mehrheit nach wie vor mit ihrem damaligen Tun. Die Wahlbewegung der ÖVP gab sich alle Mühe, die Kritik an Waldheim als Beleidigung der gesamten Kriegsgeneration darzustellen, und Waldheim vermied jede Bemerkung, die ihm als Distanzierung von seinem damaligen Handeln hätte ausgelegt werden können. Die Wahlstrategen konnten davon ausgehen, daß die deutsche Wehrmacht den österreichischen Kriegsteilnehmern nach wie vor als eine Institution gilt, in der man seine Pflicht tatsächlich erfüllen konnte. Von dieser Einschätzung durfte sich Waldheim auf keinen Fall abheben. Als Waldheim deshalb kritisiert wurde, sagte er immer wieder – und es war bald in den Werbebroschüren nachzulesen: »Ich habe damals nichts anderes getan als Hunderttausende andere Österreicher auch, nämlich meine Pflicht als Soldat erfüllt.«

Das sagt einer, der um das Amt des obersten Befehlshabers eines Heeres kandidiert, das als antifaschistisches Bundesheer gegründet wurde. Im Artikel 12 des österreichischen Staatsvertrages vom 15. Mai 1955 »betreffend die Wiederherstellung eines unabhängigen und demokratischen Österreich« wurde festgelegt, welchen Personen es »auf keinen Fall erlaubt« ist, »in den österreichischen Streitkräften zu dienen«. Solchen Personen nämlich, »die zu irgendeiner Zeit der Nationalsozialistischen Deutschen Arbeiterpartei (NSDAP) oder den SS-, SA- oder SD-Organisationen, der Geheimen Staatspolizei (Gestapo) oder dem nationalsozialistischen Soldatenring oder der nationalsozialistischen Offiziersvereinigung angehört haben«. Als Bundespräsident aber diente Waldheim auch gar nicht in den österreichischen Streitkräften, er war deren Oberbefehlshaber.

Man könnte Waldheim Subversion des österreichischen Bundesheeres vorwerfen. Wie soll ein österreichischer Soldat, der feierlich gelobt, im Bundesheer seine Pflicht zu erfüllen, damit umgehen, daß sein Befehlshaber gleichzeitig erklärt, er habe in der deutschen Wehrmacht seine Pflicht erfüllt? Welche Bedeutung hat der Begriff Pflicht dann noch, wird er sich fragen, und er wird erkennen müssen, daß man in jeder Armee, auch in der des Feindes, nichts anderes tut, als seine Pflicht zu erfüllen, weswegen es belanglos wird, ob diese Armee – wie die Deutsche Wehrmacht – einen Angriffskrieg führt oder ob sie sich – wie das Österreichische Bundesheer – auf einen Verteidigungskrieg vorbereitet. Pflicht, wird der Soldat sich sagen, hat mit innerer Einstellung nichts zu tun, auch nichts mit ehrenwerter moralischer Gesinnung, auch nichts mit den Zielen einer Armee. Pflicht, wird der Soldat sich sagen, ist nur eine andere Bezeichnung für den Zufall, von welcher Macht man gerade zum Militärdienst einberufen wird: Je bedingungsloser man dieser Macht dient, desto mehr erfüllt man seine Pflicht. Der Soldat wird also zu dem Schluß kommen, daß es in jedem Fall besser ist, der Armee des Stärkeren zu dienen, denn dann steigen die Überlebenschancen und damit auch die Aussicht auf die Genugtuung, später mit Stolz auf seine Pflichterfüllung verweisen zu können. Der Soldat wird ganz im Sinn seines Oberbefehlshabers zur Ansicht kommen, höchste soldatische Tugend sei es, rechtzeitig abzuschätzen, ob man nicht lieber fahnenflüchtig werden solle. Denn im Grunde, wird er überlegen, hat ja Waldheim, der sich gerne auf sein vaterländisches Elternhaus und dessen Kampf gegen den Anschluß beruft, auch nichts anderes getan.

Schlimmer ging es einem, der Zivildienst leisten wollte. Er war der Meinung, Pflicht bedeute, der inneren Verpflichtung zu folgen, die ihm seine moralische Einsicht und sein Gewissen auferlegen. Er war sogar der Meinung, der republikanische Staat sei aus diesem Pflichtbegriff hervorgegangen und habe daraus nicht nur das Recht, sondern auch die Billigkeit des Widerstands gegen Feudaldiktaturen abgeleitet. Er habe daraus auch das Selbstbestimmungsrecht der Menschen abgeleitet und letztlich den Begriff der Demokratie: als der einzigen Staatsform, die es ermöglicht, der inneren Pflicht zu folgen, auch wenn diese nicht der Einstellung der Mehrheit entspricht. Der angehende Zivildiener war verwundert, mit welcher Rigorosität seine innere Pflicht von einer staatlichen Kommission geprüft wurde, so als sei sie ein Vergehen, das nur dann geduldet wird, wenn es in einem genau bestimmten Erscheinungsbild auftritt, am besten in der katholischen Form des Sündenbewußtseins. Seine Pflicht hatte eine andere Form. Die Herren schüttelten nicht einmal den Kopf. Die Ablehnung erfolgte schriftlich. Es beruhigte ihn ein wenig, daß der österreichische Staat wenigstens grundsätzlich den Artikel 9 der Menschenrechte anerkannt hat, welcher mit dem Satz beginnt: »Jedermann hat Anspruch auf Gedanken-, Gewissens- und Religionsfreiheit.« In Österreich, so mußte er bald erleben, sieht das aber nicht jeder so. Der Bundesheeroberst Dr. F. Fleischhacker etwa sagte: »Gewissensgründe kann ich in keiner Weise würdigen.« Deshalb steckte er den Soldaten Manfred Henn, der bei der Zivildienstkommission durchgefallen war, sich aber dennoch weigerte, ein Gewehr anzugreifen, ins Militärgefängnis. Von dort wurde er, der sich noch immer weigerte, an das Oberlandesgericht Innsbruck überstellt, wo ihn ein ziviler Richter, der die Menschenrechtskonvention offenbar auch nicht kannte, zu sieben Monaten Gefängnis verurteilte. Nur eine einzige Instanz konnte dem Pflichtverweigerer Manfred Henn helfen: Kurt Waldheim. Dem Bundespräsidenten steht das Begnadigungsrecht zu.

Der Pflichtverweigerer mußte davon ausgehen, daß der oberste Repräsentant des Staates eine innere Pflicht nicht kenne. Er führte zwar dauernd die Moral und christliche Werte im Munde, aber seinen Pflichtbegriff bezog er aus einer Zeit, in der die größten Bestialitäten pflichtgemäß begangen wurden. Der andere Pflichtbegriff, der innere Moralität zur höchsten Instanz des Handelns erklärt, ist von Waldheim und von den Hunderttausenden, auf die er sich so gerne berief, für Österreich außer Kraft gesetzt worden. Von dieser Seite hatte der Pflichtverweigerer nichts zu erwarten.

1986 erfüllt Waldheim an diesen Hunderttausenden noch einmal seine Pflicht: Als künftiges Staatsoberhaupt exkulpiert er sie von der in den letzten Jahren aufgekommenen Beunruhigung, an der Geschichte ihrer politischen Pflichterfüllung könnte irgend etwas faul gewesen sein. Waldheim sagt: »Ich möchte meinem Heimatland, dem ich jahrzehntelang treu dienen durfte, die Erfahrung meines Lebens als Dank zurückgeben.« Diese Erfahrung kennt Variationen:

»Denn im Grunde genommen habe ich ja nichts anderes getan als Hunderttausende anderer Österreicher auch: Ich war im Krieg ein anständiger Soldat.« Damit können alle sich identifizieren, die Täter und die Mitläufer, auch die Pflichtbeflissenen jeder Staatsmacht: alle Soldaten, die es mit der Pflicht so halten wie Waldheim. Von den Opfern ist keine Rede mehr. Das Gesetz der Pflichterfüllung kennt keine Opfer. Es verspricht das Seelenheil (und manchmal eine Karriere) demjenigen, der sich nicht umblickt. Genau diese Art der Pflichterfüllung hat Manfred Henn verweigert. Um so überraschter mußte er sein, als er von Waldheim begnadigt wurde. Eine großherzige Geste? Ein Gesinnungswandel?

Der Wahlkampf war vorbei. Einsam saß der Präsident in der Hofburg und wartete auf das Verstummen der Kritik. Vergeblich. Die Wahlwerbung war zu intensiv gewesen, sie war zu tief in die Gemüter gegangen. Das ließ sich nicht mehr einfach rückgängig machen, auch nicht durch Aufrufe von ÖVP-Politikern, dem gewählten Präsidenten endlich die gebührende Ehre zu erweisen. So mußte Waldheim weiter für sich werben, nunmehr im Lager seiner erklärten Gegner. Er begnadigte Manfred Henn. Der »Republikanische Club Neues Österreich«, gegen Waldheim gegründet, stellte seine Aktivitäten trotzdem nicht ein. Als dann der Name des Präsidenten von den USA auf die Watch-List gesetzt wurde, meinten einige prominente Waldheim-Wähler, Österreich werde nun vom Garanten seiner Freiheit im Stich gelassen.

Sie begannen den Zustand, den sie eben noch trotzig heraufbeschworen hatten, als Belastung zu empfinden. Sie wünschten sich, Waldheim hätte den allerorts zitierten Satz von der Pflichterfüllung lieber nicht gesagt. Selbst Journalisten, die bisher bedingungslos hinter Waldheim gestanden waren, zeigten plötzlich Unmut. Sie wollten, um nicht in Argumentationsnotstand zu kommen, von Waldheim ein paar persönliche Worte der Distanzierung vom NS-Staat hören.

Waldheim, der sein ganzes Berufsleben im Milieu der Sprachregelungen verbracht hatte, fing nun an, seine Aussagen neu zu interpretieren. In einer Rede vor dem Gardebataillon erinnerte er am 16. Mai 1987 wieder an die Hunderttausende, mit denen er in die Deutsche Wehrmacht eingegliedert wurde. Diesmal fügte er aber hinzu: »Sicherlich nicht aus freiem Willen.«

»Als wir dann 1939«, fuhr er fort, »für ein von uns abgelehntes

Regime in den Krieg gezerrt wurden, konnten wir die grausamen Folgen der Nazi-Herrschaft nicht absehen. Zu spät erfaßten wir die historische Tragödie mit all ihren menschlichen Grausamkeiten. Die begangenen Untaten sind durch nichts zu rechtfertigen.«

Wer ist »wir«, fragten die Kritiker. Mit welchen Regimegegnern war er da beisammen?

Drei Tage später hielt Waldheim überraschend eine Fernsehrede. Die Versatzstücke der bisherigen Reden wurden neu arrangiert und mit Ichs versehen. Waldheim sagte: »Viele werfen mir vor, daß ich bisher zu wenig deutlich meine persönliche Einstellung zu den tragischen Geschehnissen der nationalsozialistischen Ära und des Zweiten Weltkrieges zum Ausdruck gebracht habe. Auch wenn ich wiederholt dazu Stellung genommen habe, so gebe ich gerne zu, ich hatte Sorge, daß meine Stellungnahme angesichts der ausländischen Angriffe als Taktik empfunden werden könnte. Das wollte ich unter allen Umständen vermeiden.«

Dann folgte die revidierte Fassung der drei Tage alten Rede: »Als ich mit 21 Jahren für ein von mir, wie von so vielen Österreichern, abgelehntes Regime in den Krieg gezwungen wurde, erfaßte uns die historische Tragödie mit all ihren menschlichen Grausamkeiten, der wir ohnmächtig gegenüberstanden. Ich bedaure zutiefst jene Untaten, die im Balkankrieg begangen wurden, auch wenn ich an ihnen sicher keinen Anteil hatte. Diese Untaten sind durch nichts zu rechtfertigen.«

Dieser Umformulierung einer gerade erst drei Tage alten Rede folgte die Neuinterpretation einer alten Aussage:

»Lassen Sie mich bei dieser Gelegenheit auf mein Wort von der Pflichterfüllung zu sprechen kommen, das zu so vielen Mißverständnissen geführt hat. Hinter jener Pflichterfüllung, die ich damals meinte, zu der wir, die Soldatengeneration jener dunklen Tage, verurteilt waren, steckte weder eine ideologische Überzeugung noch militärischer Fanatismus, noch menschliche Gleichgültigkeit. (...) Was ich mit jener Pflichterfüllung ausdrücken wollte, es aber offenbar nur unvollständig und ungenau tat, war, jenseits der kameradschaftlichen Hilfe, die Unfähigkeit meiner Generation zur freien Entscheidung, war die Ohnmacht des Zwanges.«

So war ein Jahr vergangen, bis Waldheim endlich klargestellt hatte, daß die Pflichterfüllung für einen anständigen österreichischen Soldaten darin bestand, sich in seiner Ohnmacht dem Zwang der Deutschen Wehrmacht zu überlassen. Aus einem positiven Wert ist ein negativer geworden, und all die Spekulationen der Soldaten und Zivildiener sind hinfällig, weil Waldheim, wie sich endlich herausstellt, unter Pflichterfüllung immer genau das versteht, was der Adressat seiner Botschaft hören will. Im Wahlkampf ging es um andere Gefühlslagen als in den erzwungenen Rechtfertigungsschüben danach, bei denen sich Waldheim von der Kritik buchstäblich die Sätze vorgeben ließ.

Daß Waldheim seine Offizierslaufbahn im Balkankrieg verschwiegen hat, konnte von der internationalen Presse nur so aufgefaßt werden, als habe er guten Grund gehabt, darüber zu schweigen. Man begann Dokumente extensiv zu interpretieren und blies die kleine Figur des Karriereoffiziers, der sich später als weltpolitisch bedeutsamer Mann über die Umbrüche seines Lebens hinwegschwindeln wollte, bis zur Unkenntlichkeit auf. Waldheim als Obernazi, gar als Kriegsverbrecher. Diese Dynamik einer Kritik, die sich an ihren eigenen Vermutungen hochschraubte, kam dem neuen Wahlkampfstil nur gelegen: Der selbstgerechten Unschuld fielen die Früchte wie von selbst in den Schoß.

Wenn der ein Kriegsverbrecher ist, mußte sich der ehemalige Soldat sagen, dann sind wir alle Kriegsverbrecher. Er sagt nicht, dann wäre der ganze Krieg ein Verbrechen gewesen. Was einst Normalität war, kann heute kein Verbrechen sein. Dem »gesunden« Gefühl dieser gezeichneten Soldatengeneration zufolge müssen nur diejenigen ein schlechtes Gewissen haben, die zuviel des Guten taten: Wenn sie das Pech hatten, daß ihr Verhalten später vom Rigorismus der Alliierten als zuviel des Schlechten eingeschätzt wurde. Dafür, daß ich damals meinen Kopf hinhalten mußte, wird der ehemalige Soldat sich sagen, komme ich heute auch noch in schlechtes Licht. Deshalb wird er es vorziehen, so zu tun, als hätte er überhaupt nichts gewußt, als sei, was er damals wissen konnte, identisch gewesen mit dem Erkundungshorizont seines Flak-Geschützes oder mit den Papieren, die er in die Hände bekam.

Im Frühsommer 1942 fanden im Kozara-Gebirge brutale »Sühnemaßnahmen« der Wehrmacht gegen Partisanen und die Zivilbevölkerung statt, in deren Verlauf 68 000 Menschen in Konzentrationslager verschleppt wurden. Die *Washington Post* schrieb, Waldheim habe sich zu dieser Zeit dort aufgehalten. In einem Memorandum vom 6. April 1986, das auch der US-Presse zuging, dementierte Waldheim diese Darstellung: Er sei 200 Kilometer entfernt gewesen. Doch die Beweise häuften sich. Als Waldheim schon zum Präsidenten gewählt war, gab er dem US-Außenministerium in einer Darstellung zu, zur fraglichen Zeit in Kozara gewesen zu sein. Einen Partisanen habe er jedoch nie gesehen. Auf die Frage der Zeitschrift *Profil:* »Ihnen ist unbekannt, daß es damals den Befehl gab, mutmaßliche Partisanen sofort zu erschießen?« antwortete Waldheim: »Ich habe nie einen solchen Befehl gesehen. Ich hatte ja mit diesen Dingen nichts zu tun. Meine Aufgabe war es, das mutmaßliche Bild des Gegners zu analysieren.«

Die Frage lautete jedoch, ob Waldheim dieser Befehl unbekannt war, und nicht, ob er einen solchen Befehl dienstlich zur Kenntnis nehmen mußte. Soviel Vergeßlichkeit wollte selbst der damalige Bundespräsident Rudolf Kirchschläger seinem Freund nicht durchgehen lassen. In seiner Fernsehansprache vom 22. April 1986 sagte er: »Das Wissen um die Vergeltungsmaßnahmen im Partisanenkrieg, von den deutschen Stellen damals ›Sühnemaßnahmen‹ genannt, muß daher, nach meiner Überzeugung, als gegeben angenommen werden.«

Der österreichischen Kriegsgeneration wurden von den Politikern in der Zweiten Republik keinerlei Möglichkeiten angeboten, mit ihrer Vergangenheit einen kritischen Umgang zu finden. Die Menschen sind zutiefst verunsichert. Wenn man ihre damalige Tätigkeit in Frage stellt, empfinden sie es heute noch als schweren persönlichen Angriff. Sie reagieren aggressiv. Sie können es nicht fassen, daß nach vierzig Jahren noch immer nicht das Vergessen gesiegt hat.

Der Salzburger Landeshauptmann Wilfried Haslauer (ÖVP) sagte zur Kritik an Waldheim: »Das Herumschnüffeln in seiner Vergangenheit führt zu nichts und ist demokratieschädlich.« Demokratie (auf österreichisch) bedeutet: Berührungsverbot der Vergangenheit.

Das Opfer

Die zweite Gefühlslage, mit der die Waldheim-Wahlwerbung sich verbünden konnte, war der Antisemitismus. Eine an die österreichischen Haushalte versandte Wahlbroschüre (PLUS Nr. 4/86) trägt die Schlagzeilen: »Die Verleumdungskampagne. So wollten sie Kurt Waldheim fertigmachen!« Darin heißt es: »25. März 1986: Der Jewish World Congress beginnt mit seiner ungeheuerlichen Menschenjagd. Der Psychoterror wird fortgesetzt.«

Hier wird, mit wenigen Worten, alles umgedreht. Opfer, soviel ist inzwischen klar, ist immer Kurt Waldheim und alle, die sich mit ihm identifizieren sollen. Menschenjagd seinerzeit war Pflicht, deren Kritik heute ist Menschenjagd.

Nach den ersten Pressekonferenzen des World Jewish Congress wurden auf den Waldheim-Plakaten in ganz Österreich Aufkleber angebracht: »Jetzt erst recht!« Sie wurden dann durch eine neue Plakatserie ersetzt, bei der auf gelbem Hintergrund mit roter Sprühschrift zu lesen stand: »Wir Österreicher wählen, wen *wir* wollen! Jetzt erst recht Waldheim.« Die ersten Aufkleber hatten auch ÖVP-Funktionäre kritisiert, zum Beispiel der Wiener Vizebürgermeister Erhard Busek. Die Parole erinnere zu deutlich an nationalsozialistische Propagandaschriften. »Jetzt erst recht«: Das ist keine Wahlwerbung, sondern ein Kampfslogan. Um den Spruch abzumildern, setzte man bei der zweiten Serie den Namen Waldheim dahinter. Um aber die Gefühlsebene, auf der das Plakat wirken sollte, nicht zu verlassen, simulierte der Druck eine Sprühschrift, die fatal an nazistische Schmieraktionen auf jüdischen Häusern, Geschäften und Grabsteinen erinnerte. Der Wiener Psychoanalytiker Erwin Ringel meinte in einem Interview zur gelben Grundfarbe des Plakats, sie versuche die antisemitischen Emotionen anzusprechen. Gelb war die Farbe des Judensterns. Daraufhin schrieb der Chefredakteur der Tageszeitung *Die Presse*, Thomas Chorherr, nach dieser Interpretation Ringels »dürften ja auch die Postkästen nicht gelb angestrichen werden«.

Es war ein doppelbödiges Spiel, das hier betrieben wurde. Auf der einen Seite versuchte man die antisemitischen Gefühle bei jeder Gelegenheit anzusprechen, auf der anderen Seite versuchte man das zu leugnen. Die Folgen waren nicht mehr zu leugnen. Ein paar Monate später fanden Geschäftsleute im ersten Wiener Bezirk an den Eingangstüren Aufkleber mit folgendem Wortlaut angebracht: »<u>Bekanntmachung.</u> DEUTSCHE! Ab sofort ist <u>jedes</u> JUDENSCHWEIN gleich zu töten! Nach Erledigung dieser Pflicht ist die Tel. Nr. 133 [Wiener Polizei; J. H.] anzurufen und zu veranlassen, daß der Kadaver des Tieres abgeholt wird.«

Zu übertrieben, um es ernst zu nehmen? Der Direktor des Jewish Welcome Service, Leon Zelman, führte etwa zur selben Zeit eine Gruppe österreichischer Emigranten, die unter dem Motto: »Eine nostalgische Reise in unsere ehemalige Heimatstadt« nach Wien gekommen waren, durch die Innenstadt. Er erklärte seinen Besuchern, daß die Geschäfte in der Judengasse heute keinen Juden mehr gehören. Eine Dame, die in diesem Augenblick vorüberging, sagte: »Juden gibt's genug, man hat nur zuwenig vergast.«

Wie groß ist der Antisemitismus in Österreich? Darauf angesprochen sagte Bruno Kreisky zum Interviewer der *Libération:* »Das Beunruhigendste in Österreich ist, daß es einen politischen Antisemitismus gibt. Österreich ist eine seiner Wiegen. Der Gründer der Christlich-Sozialen Partei, der berühmte Bürgermeister von Wien, Karl Lueger, war einer der größten politischen Antisemiten. Und Hitler hat in *Mein Kampf* geschrieben, daß er den Antisemitismus bei Lueger gelernt hat.

Dieser Antisemitismus hat zwei Wurzeln. Die erste kommt von der religiösen Erziehung in der katholischen Welt. Man sagt den Kindern, daß Jesus von den Juden getötet wurde. Der Jude, das ist Judas, der Verräter. Die zweite Wurzel ist politisch. Der moderne österreichische Industrialismus war zu einem großen Teil von den Juden geschaffen worden. Die Industrie hat das Kleinbürgertum unterdrückt. Die kleinen Gewerbe, das Handwerk, haben aufgehört, um den Fabriken Platz zu machen. So sind die antisemitischen Gefühle aus sozialen Ursachen entstanden. Und da Lueger eine Partei des Kleinbürgertums, der Handwerker, leitete, hat er sich des Antisemitismus bedient. Davon spürt man noch das Erbe. Aber heute gibt es in Österreich keinen größeren Antisemitismus als in vielen anderen Ländern.«

Das Institut für empirische Sozialforschung schätzt, daß etwa 10 % der Österreicher ausgesprochene Antisemiten sind. Hinzu kommen noch jene latenten antisemitischen Gefühle, die situationsgebunden mobilisiert werden können.

Eine 1986, nach dem Waldheim-Wahlkampf, durchgeführte Umfrage des Gallup-Instituts (in Zusammenarbeit mit dem Wiener Institut für Publizistik) hat ergeben, daß die antisemitischen Einstellungen 1986 in der österreichischen Bevölkerung deutlich stärker waren als noch 1980. 16 % meinten überhaupt gleich, daß »es für Österreich besser wäre, gäbe es keine Juden im Land«, und 38 % stimmten der Aussage zu, »die Juden seien teilweise selbst daran schuld, daß sie in ihrer Geschichte so oft verfolgt wurden«.

Dies wurde den österreichischen Antisemiten im Waldheim-Wahlkampf herzerfrischend bestätigt. Wer ist schuld daran, daß es jetzt wieder gegen die Juden geht? Die Juden selbst. Die österreichische Presse schloß sich, mit wenigen Ausnahmen, dieser Denkfigur der Waldheim-Werbung an. Ilse Leitenberger schrieb in der Tageszeitung *Die Presse*, das »Weltjudentum« trage »ein gehöriges Quantum Schuld daran, daß ein neuer Antisemitismus nicht mehr wegzuleugnen ist«. Sie scheute nicht davor zurück, auf die Mitarbeiter des Jüdischen Weltkongresses einen Begriff anzuwenden, der sich im politischen Vokabular für die Nazis eingebürgert hat. Sie nannte sie »Ewiggestrige«, die »keine Chance ungenutzt lassen, aus einer düsteren Vergangenheit ein Geschäft zu machen«. Ihr Chefredakteur Thomas Chorherr verriet sogar deren Geschäftsgeheimnis, das darin bestehe, »Antisemitismus erst zu schaffen und ihn dann anzuprangern«.

Am 18. Juni 1986 forderte der damalige Wirtschaftssprecher der ÖVP, Robert Graf, alle Parteien im Parlament auf, gemeinsam die Antisemitismus-Vorwürfe gegen Österreich zurückzuweisen. Um der Kritik aus dem Ausland wirksam zu begegnen, sei ein gemeinsames Bekenntnis der Regierung und aller Parteien zu Bundespräsident Waldheim unbedingt notwendig. Nicht Antisemitismus, den Vorwurf des Antisemitismus galt es zurückzuweisen.

Am selben Tag fand eine Pressekonferenz der Israelitischen Kultusgemeinde in Wien statt, um auf die stärkste antisemitische Welle seit 1945 aufmerksam zu machen. Die Pressekonferenz sei, um keinen politischen Einfluß zu nehmen, absichtlich auf die Zeit nach den Wahlen verschoben worden. Seit März 1986 bekam die Israelitische Kultusgemeinde eine Fülle von Zuschriften, von denen einige bei der

Pressekonferenz gezeigt wurden. Da war zu lesen: »Wollen Sie eine neue Kristallnacht in Wien?« oder: »Der Kampf beginnt!« oder: »Saujuden dreckige« oder: »Ihr seid ja nicht einmal wert, dem Herrn Dr. Waldheim den Staub von den Reiterstiefeln zu schlecken!« Bei dieser Pressekonferenz wurden auch Worte von ÖVP-Generalsekretär Michael Graff zitiert, die dieser gegen den World Jewish Congress verwendet hatte: »Rufmörder«, »Mafia der Verleumder«, »Bestochene Zeugen«, »mafiose Methoden«, »erschreckend dumm« usw. (Von den Funktionären der ÖVP, die sich im Wahlkampf durch antisemitische Bemerkungen hervorgetan haben, wurden weiters genannt: Parteiobmann Alois Mock, später Vizekanzler und Außenminister, die zweite Nationalratspräsidentin Marga Hubinek und der Präsident der Österreichisch-Israelischen Gesellschaft[!] Walter Schwimmer.)

ÖVP-Generalsekretär Michael Graff wurde am Abend im Fernsehen zu diesen Vorwürfen interviewt. Seine Antwort sei ausführlich zitiert: »Ich stehe zu jedem dieser Ausdrücke. (...) Wir stehen in laufendem Kontakt auch mit Mitgliedern der jüdischen Gemeinde, die uns ihre Sorge und ihr Bedauern über diese infamen – ich wiederhole es und kann es beweisen – Aktivitäten des Herrn Singer und über die Konsequenzen, die sie befürchtet haben für die österreichischen Juden – daß die Frau Waberl auf der Straße dann nicht so fein immer differenzieren wird, das ist bedauerlicherweise natürlich der Fall. (...) Es gibt aber in der ganzen Wahlargumentation nicht ein einziges Wort in der ÖVP, und es ist auch keine Entgleisung passiert. Wir haben immer Sorge gehabt, daß irgendwo einer aufstehen wird, in einer Gemeinde, und anfangen wird, diese, eh schon wissen und so irgendwas, nicht wahr, es ist nicht nur nicht passiert, wir haben auch unsere Leute immer wieder darauf aufmerksam gemacht, ihr müßt wahnsinnig aufpassen, es darf hier nicht gegenüber den jüdischen Mitbürgern, die natürlich zu dem Thema äußerst sensibel sind, darf hier nicht etwas geschehen, was bleibend Emotionen erweckt, was ihnen Sorge macht, was ihnen Angst macht. (...) Und wir lassen uns von ein paar Mafiosi, ich sage das noch einmal, die Herren haben gesagt, sie werden mich klagen, keiner hat geklagt bis jetzt, und sie sollen nur kommen, es wird mir ein Vergnügen sein. Ich bin hier wirklich äußerst scharf und äußerst ernst, ganz im Gegensatz zu meiner generellen Einstellung. Und trotz dieser Behauptungen, die dann natürlich wieder eine Zeitung von der anderen abschreibt, und wenn sie jetzt sogar eine Pressekonferenz der Kultusgemeinde als Belegstelle haben, können sie das um so mehr wieder voneinander weiterzitieren, und das kommt dann wieder nach Österreich zurück und wird hier eine neue Meldung. Und so wird das Ganze dann zu einer Lawine und letztlich wird etwas herbeigeschrieben, nämlich ein Antisemitismus in Österreich, den es nicht gibt, von einzelnen Bodensätzen abgesehen.«

Selbstverständlich hatte auch der von der Parteileitung mit der Waldheim-Werbung betraute ÖVP-Abgeordnete Heribert Steinbauer mit Antisemitismus nichts im Sinn gehabt. Seine »Jetzt erst recht«-Aktion, rechtfertigte er sich, sollte nur »einen Gemütszustand der öffentlichen Meinung darstellen«.

Graff hatte vom »gewohnheitsmäßigen Verleumder Singer« gesprochen. Die Hemmungslosigkeit, mit der hier antisemitische Gefühle mobilisiert wurden, zeigt sich auch daran, daß Israel Singer, der Generalsekretär des World Jewish Congress, seiner Herkunft nach Österreicher ist. Bei einer Wiener Ausstellung hat er auf einer Fotografie von 1938 seinen Vater wiedererkannt: Auf Knien bürstet er das Straßenpflaster, hinter ihm Nazis in Parteiuniform.

Ein Spezifikum des Wiener Antisemitismus dürfte darin bestehen, sich zu seiner Rechtfertigung immer auf irgendwelche jüdischen Freunde und Mitbürger zu berufen. Das tat Michael Graff, das hat Kurt Waldheim getan, und das tun hier alle anderen, denen man Antisemitismus vorwirft. Auch das steht in der Tradition von Lueger. Er war privat mit Juden gut und hetzte öffentlich gegen sie. Der Wiener kommunalen Demokratie, für deren Ausbau Luegers Verdienste unbestritten sind, lag diese antisemitische Doppelzüngigkeit in der Wiege.

Antisemitismus, Fremdenhaß, Denunziantentum: Sie gelten in Österreich als bloß persönliche Eigenschaften. Die politische Struktur, die solche Eigenschaften nicht nur ermöglicht, sondern fördert, will man nicht wahrhaben. 1970 stellte die ÖVP dem Juden Bruno Kreisky einen Kandidaten gegenüber, den sie als »echten Österreicher« plakatierte. Zu dieser Zeit kommentierte der ÖVP-Nationalratsabgeordnete Johann Haider den Auftritt eines SPÖ-Mandatars mit den Worten: »Schon wieda a Jud.« Das gab zwar Verstimmung in der Regierung, dafür konnte Haider in seiner Heimatgemeinde Groß-Gerungs stolz von den vielen Glückwunschtelegrammen erzählen, die er für diesen Ausspruch erhalten hatte.

Ein paar Jahre zuvor, 1965, ließ der Professor der Hochschule für Welthandel, Taras Borodajkewycz, von Studenten mit »Hoch Auschwitz«-Rufen seinen Antisemitismus feiern. Auf einer Kundgebung wurde die Entlassung von Borodajkewycz verlangt. Anhänger des antisemitischen Professors formierten sich zu einer Gegendemonstration. Als die beiden Blöcke zusammentrafen, wurde der 65jährige Kommunist und ehemalige KZ-Häftling Ernst Kirchweger von einem Studenten niedergeschlagen. Drei Tage später erlag er seinen Verletzungen. Die bloß »privaten« Gefühle hatten zum ersten politischen Mord der Zweiten Republik geführt.

Eine Werbefirma tüftelte eine Strategie aus, um die Kritik an Waldheim für den Kandidaten zu nutzen. Die lokalen und nationalen Größen der ÖVP halfen eifrig mit: »Verleumdungskampagne«, »Schmutzkübelkampagne«, »Dreckschleuder« nannten sie die Kritik des World Jewish Congress. Schmutz und Juden, ein Feindbild, an dem gebastelt wurde: Waldheims Kritiker müssen Feinde für die Mehrzahl der Österreicher werden. Um so mehr wird das Bild der verfolgten Unschuld eines sein, mit dem sie sich identifizieren.

Der oberösterreichische Landeshauptmann Josef Ratzenböck (ÖVP) sagte: »Die Kampagne gegen ihn zeigt, daß irgendwer große Angst vor ihm haben muß.« Stimmt. Aber warum eignet sich eine solche Aussage für eine Wahlbroschüre? Hier wird der starke Mann hervorgekehrt, der andere das Fürchten lehrt. Die Juden werden nicht angesprochen, aber wer hätte sie, in diesem Wahlkampf, nicht assoziiert? Die Rechnung ging auf. Die Wahlanalyse des Instituts für empirische Sozialforschung ergab: »Praktisch alle Antisemiten sammelten sich bei der Stichwahl am 8. Juni hinter Waldheim.« Am konzentriertesten ist der Antisemitismus in der Freiheitlichen Partei Österreichs (FPÖ), die damals in einer Regierungskoalition mit der SPÖ stand. Die FPÖ-Wähler der Nationalratswahl von 1983, aus der die Koalition mit der SPÖ hervorging, stimmten zu 66 % für Kurt Waldheim und nur zu 21 % für Kurt Steyrer.

Um Kurt Waldheim im nachhinein zu entlasten, hat Anfang 1987 eine Gruppe von ÖVP-Funktionären und -freunden (Andreas Khol,

Theodor Faulhaber und Günther Ofner) ein Buch mit dem Titel *Die Kampagne. Kurt Waldheim: Opfer oder Täter?* herausgegeben. Vorsorglich hat das Buch noch einen zweiten Untertitel bekommen, der die Frage des ersten beantwortet: »Hintergründe und Szenen eines Falles von Medienjustiz.«

Der perfideste Beitrag stammt vom ÖVP-Nationalratsabgeordneten und Präsidenten der Österreichisch-Israelischen Gesellschaft Walter Schwimmer: »Zum Vorwurf des Antisemitismus im Wahlkampf.« Dieser Vorwurf sei nichts als eine zweite Kampagne, die versuche, »in Österreich erfundene und fabrizierte Anschuldigungen vor allem über das Ausland wieder hereinzuspielen und sie damit mit dem Anschein der Objektivität (...) zu versehen«. Bekanntlich sei ja auch die erste Kampagne »aus Wien bestellt« worden, und »die neue Kampagne« diene nun »als großes Ablenkungsmanöver von den Schuldigen der ersten Kampagne«. Und wer lenkt da von sich ab? Es seien »manche linke Kreise«, die gleich doppelt von sich ablenkten. Erstens von ihrer Schuld für die erste Kampagne und zweitens von ihrem eigenen Antisemitismus, den sie »unter dem Tarnmäntelchen des Antizionismus wieder salonfähig« gemacht haben, »um scheinbar unverdächtig die Brühe des Antisemitismus zu schlürfen«. Und natürlich sei auch der willfährige Helfer im Ausland, nämlich der Jüdische Weltkongreß, schuld, so daß man insgesamt sagen könne, die von Simon Wiesenthal konstatierte »stärkste antisemitische Strömung seit 1945« in Österreich sei von jenen erzeugt worden, die vorgaben, sie anzuprangern.

Aber »unsere Jugend« fällt zum Glück darauf nicht herein, sie hat »in einem überdurchschnittlichen Ausmaß für Dr. Waldheim votiert«. Wenn man diese Jugend jetzt auch noch über den »Widerstand Österreichs gegen die nationalsozialistische Bedrohung vor 1938« aufklärt, entsteht daraus »ein neuer österreichischer Patriotismus«, der »jung und alt vereinen könnte«. Zu diesem »gehören nicht nur die Ablehnung ausländischer Einmischung und die Zurückweisung ungerechter Anschuldigungen, sondern auch ein weites Verständnis für die Betroffenheit der Angehörigen des von den Nationalsozialisten grausamst verfolgten jüdischen Volkes«. Dieses Verständnis besteht, nach Walter Schwimmer, darin, daß man die Juden nicht ganz ernst nimmt, weil sie, durch ihre Befangenheit in bezug auf den Nationalsozialismus, nicht die Wahrheit sagen: »Die

Überlebenden und die Hinterbliebenen der Opfer von Auschwitz können nicht mit der gleichen historischen Unbefangenheit Anschuldigungen im Zusammenhang mit Nazi-Greueln abwägen, mit denen ein ›Nicht-Opfer‹ zwischen Unrecht und Recht bei solchen Anschuldigungen unterscheiden wird.«

Am 28. April 1987 wurde Kurt Waldheim in den USA auf die Watch-List gesetzt. Einen Tag später besuchte er überraschend das Jüdische Museum in Eisenstadt. Wieder einen Tag später, am 30. April, sprach er vor der Delegation eines Kriegsopferverbandes. »Diese Lobby«, sagte er, »die es dort gibt an der Ostküste Amerikas, die ist ungeheuer brutal und rücksichtslos und hat nur einen Wunsch: Rache zu üben. (...) Sie mögen die Genugtuung haben, daß sie das erreicht haben, unter Zwang, unter ungeheuerem Druck auf die Administration. Die Folgen werden nicht so sein, wie sie sich's vorgestellt haben. Sie sehen nicht, daß wir bereit sind, diese Herausforderung anzunehmen. Die werden sich noch wundern, die werden sich noch wundern.«

Zwei Wochen später entdeckte ein Londoner Besucher die Verwüstung auf dem Judenfriedhof von Eisenstadt. Grabsteine waren umgeworfen und zerbrochen, Fundamente ausgerissen. Die Gendarmerie erklärte ein paar Tage danach, Kinder hätten Schnecken gesammelt.

Antisemitismus wurde in Österreich offiziell geleugnet. Der Präsident der Österreichischen Nationalbank, Heinz Kienzl, gab 1987 eigens eine Studie in Auftrag, die den österreichischen Antisemitismus nur mehr bei 7 % der Bevölkerung feststellen konnte. Wer die Tabelle jedoch genauer studiert, kann feststellen, daß in Wahrheit die antisemitische Gesinnung gegenüber dem Vorjahr eher noch zugenommen hat, daß aber die Interpreten der Umfrage inzwischen nur mehr den aggressiven Judenhaß als Antisemitismus gelten lassen. Dem Satz: »Es sollte darauf geachtet werden, daß Juden keine einflußreiche Stellung in unserem Land einnehmen«, stimmte gleich ein Viertel der Bevölkerung zu, ein weiteres Viertel konnte sich nicht entscheiden, ob es diese Art der Diskriminierung befürworten oder ablehnen soll. Für die Interpreten der Umfrage, unter ihnen der Nationalbankpräsident persönlich, ist das jedoch kein Antisemitismus, sondern ein »bloßes Vorurteil«.

Man war in den Jahren 1986/87 so in die Auseinandersetzung um

Kurt Waldheim verstrickt und mit der offiziellen Image-Politur des Landes beschäftigt, daß man dem gleichzeitigen Erstarken rechtsradikaler Gruppen nicht genug Augenmerk schenkte. Im Jahre 1986 wurde unter anderen die kampfbereiteste österreichische Neonazi-Organisation gegründet, nämlich Gottfried Küssels »Volkstreue außerparlamentarische Opposition« (VAPO), die sich von Anfang an mit einer Fülle von inländischen und ausländischen (vor allem deutschen) rechtsradikalen Gruppierungen vernetzte. Gottfried Küssel war auch Mitglied der »Nationalen Front«, die 1986 einen Aufkleber mit folgender Aufschrift verbreitete: »Alle Lehrer Österreichs, die den Auftrag der Siegermächte erfüllend, die Verbrechen am deutschen Volk leugnen und gleichzeitig mit den ihnen anvertrauten Schülern nach Mauthausen pilgern, um dem Gasbetrug zu huldigen, werden, wenn wir die Macht gewinnen, durch ein Gesetz mit rückwirkender Kraft zu Verbrechern erklärt und so lange am Halse aufgehängt, bis daß der Tod eintritt!«

Der »stellvertretende Führer« der »Nationalen Front« hieß Jürgen Hatzenbichler. Er ist mittlerweile Parteijournalist der FPÖ-Zeitung *Kärntner Nachrichten* und einer der fleißigsten Autoren in der rechtsextremen Zeitschrift *Aula*.

Während man von offizieller Seite das Jahr 1988 zum »Bedenkjahr« erklärte und zumindest die ersten zweieinhalb Monate, bis zum 50. Jahrestag des Anschlusses, zu einer umfangreichen Volksaufklärung über die nationalsozialistischen Verbrechen nutzte, verstärkten auch die neonazistischen Organisationen ihre Aktivitäten. Die einen verfaßten Hetzschriften gegen die »Gaskammerlüge« der Alliierten und gegen Ausländer, die anderen bereiteten sich in »Wehrsportübungen« auf die Machtübernahme vor. Die Staatspolizei schenkte dieser Entwicklung nur wenig Beachtung. Ihr wichtigstes Anliegen schien es zu sein, alles herunterzuspielen, um diesen Gruppen nur ja keine Öffentlichkeit zu verschaffen, die unserem Image schaden könnte. Man ließ damit aber auch zu, daß die Resonanz rassistischer Haltungen in der Bevölkerung wieder größer wurde.

Eine Fülle von Fotos und Videos belegt, daß die Kampfübungen neonazistischer Gruppierungen, etwa in Langenlois, wo sie von Hans Jörg Schimanek, dem Sohn eines Landtagsabgeordneten der FPÖ, geleitet wurden, unter den Augen der Öffentlichkeit stattfanden. Die spielen doch bloß ein wenig Bundesheer, sagten die Gendarmen von Langenlois.

Im Mai 1991 untersuchte das Institut für Konfliktforschung die antisemitische Einstellung der österreichischen Bevölkerung. Dabei stellte es eine erschreckende Trendumkehr fest. Im Bedenkjahr 1988 hatten 82 Prozent der Bevölkerung dem Satz »Die Juden haben einen schlechten Einfluß auf die österreichische Kultur« widersprochen. Nur vier Prozent stimmten ihm zu. Jetzt lehnten nur noch 54 Prozent den Satz ab, aber fünfzehn Prozent stimmten ihm zu. Eine im selben Jahr vom »American Jewish Committee« in Auftrag gegebene Gallup-Umfrage kam zu einem ähnlichen Ergebnis. Zwanzig Prozent meinten, man sollte »den Zugang der Juden zu einflußreichen Berufen kontrollieren und zahlenmäßig beschränken«. Nur 53 Prozent waren dagegen.

Der stellvertretende Leiter des Instituts für Konfliktforschung, Christian Haerpfer, erklärte die neuen Zahlen unter anderem mit der nach der Grenzöffnung zum Osten neu entstandenen Furcht vor Migrationsströmen. »Der Antisemitismus ist offenbar ein Teilbereich dieser Fremdenangst.«

Die »Fremdenangst« hatte zwar ihren realen Kern in den neuen Migrationsströmen nach der Öffnung des Eisernen Vorhangs, aber ihren ideologischen Rahmen bekam sie durch einen ausgesprochen ausländerfeindlichen Wahlkampf der Wiener FPÖ. Zum rechtsradikalen Rassismus gesellte sich nun eine unermüdliche Feindbildproduktion im Schafspelz demokratischer Legitimität. Die Neonazis applaudierten. Gerd Honsik, ein nach seiner rechtskräftigen Verurteilung geflüchteter Rechtsradikaler, schrieb damals in seiner auch an Schulen versandten Hetzschrift *Halt:* »Die gute Sache hat endlich starke Bataillone gefunden.« Besonders freute ihn, daß Jörg Haider »Wortwahl und Zielsetzung von unserer rechtswidrig verbotenen ›Liste Nein zur Ausländerflut‹ fast wortgetreu übernahm«.

In der Nacht vom 10. zum 11. Oktober 1991 wurden auf dem Wiener Zentralfriedhof jüdische Gräber beschädigt. Grabsteine und Särge wurden zertrümmert. Es war nicht die erste Verwüstung in diesem Jahr, aber sie erfolgte ausgerechnet, als Teddy Kollek, der damalige Bürgermeister von Jerusalem, in seiner Heimatstadt auf Besuch war. Die Staatspolizei wollte keinen politischen Hintergrund sehen und nannte eine »b'soffene G'schicht« als wahrscheinliche Ursache der Zerstörungen.

Einen Monat später, am 21. November, erschien im *Standard* ein Interview mit VAPO-Führer Gottfried Küssel. Er sagte damals unter anderem folgendes: »Die Problematik vom organisierten Massenmord ist wissenschaftlich gefallen (...) es gab Gaskammern, aber nicht zur Vernichtung von Menschen, sondern zur Entlausung (...) Natürlich bin ich glücklich über den Ausländerwahlkampf. Die FPÖ hat diese nationale Komponente (...) ich habe im achtziger Jahr für die FPÖ kandidiert.«

Ein Jahr darauf, in der Nacht vom 30. auf den 31. November 1992, war wieder einmal der jüdische Friedhof in Eisenstadt dran. 80 der 120 Gräber wurden mit Parolen wie »Sieg Heil!«, »Sieg Haider!« und »Ausländer raus!« besprüht. Der erste Politiker, der sich zu Wort meldete, war der FPÖ-Generalsekretär Walter Meischberger. Er vermutete hinter dem Anschlag Linksextremisten, die Haiders Anti-Ausländer-Volksbegehren in Verruf bringen wollten.

Jörg Haider hatte in der Zeit, als das offizielle Österreich damit beschäftigt war, die Folgen des Waldheim-Wahlkampfes herunterzuspielen, als neuer FPÖ-Führer das Erbe dieser rassistischen Emotionalisierung angetreten. In einer Rede aus dem Jahre 1987 erklärte er: »Man sollte aber auch den Mut haben (...) einmal zu sagen, ob's denn notwendig ist, daß wir bei über 140 000 Arbeitslosen derzeit über 180 000 Gastarbeiter in Österreich haben müssen.« Walter Oswalt, der Mitherausgeber des Buches *Die Rückkehr der Führer. Modernisierter Rechtsradikalismus in Westeuropa*, fand dazu eine Parallele in der NS-Propaganda: »500 000 Arbeitslose, 400 000 Juden. Der Ausweg ist einfach, wählt nationalsozialistisch.«

Der Patriot

Zu Pflichterfüllung und Antisemitismus gesellt sich, drittens, ein autoritärer österreichischer Patriotismus. Im Bedeutungsfeld der damit aufgerührten Gefühle wurde während der Waldheim-Kampagne Politik gemacht. Das historische Vorbild lieferte nicht der Nationalsozialismus, sondern der Austrofaschismus. Bewußt wurde eine Welle österreichisch-patriotischer Empörung geschürt, in der das

Waldheimbild ambivalente Züge erhielt: Er ist, und zwar als Opfer einer weltumfassenden Verschwörung gegen ganz Österreich, die positive Identifikationsfigur, der neue Führer des österreichischen Nationalstolzes.

1945 hatte sich die neu gegründete ÖVP von ihrem Vorgänger, der Christlich-Sozialen Partei, nicht personell, aber doch programmatisch distanziert. Dies geht zum Beispiel aus den »15 Leitsätzen« vom Juni 1945 hervor, in denen die ÖVP nicht nur dem ständischen Ordnungsprinzip, sondern auch der konfessionellen Bindung ihres Vorgängers eine Absage erteilte.

In einer Broschüre der ÖVP, die zum Beispiel an Schulen für das Fach Politische Bildung geschickt wurde, bezeichnete Ludwig Reichhold im Einleitungsbeitrag mit dem Titel »Die Entstehung der Volkspartei« den Ständestaat von 1934 bis 1938 als »österreichische Variante des Faschismus«. Nach der Waldheim-Wahl begannen die ÖVP-Programmatiker ihre Geschichte umzuschreiben. Andreas Khol polemisierte gegen die österreichische Zeitgeschichtsschreibung, die die »heldenhafte Zeit der Jahre 1934-1938« »als Erscheinungsform des Faschismus diffamiert« und durch diesen »allgemeinen Faschismusbrei« vergessen läßt, daß Österreich »einen heldenhaften Widerstand gegen den Nationalsozialismus (leistete), und es war dabei ganz auf sich gestellt«. Zum Glück gab es da noch Waldheim. »Er selbst wurde Teil des Kampfes gegen den Nationalsozialismus in der Zeit von 1933 bis 1938.« Andreas Khol nennt zwei Gründe, warum die Zeitgeschichtler diese heldenhafte Widerstandszeit von Kurt Waldheim und Österreich mit »dem irreführenden Etikett Faschismus« versehen: Sie können »das Verbot der Sozialisten zwischen 1934 und 1938 nicht verwinden« und sie wollen »durch die Wortwahl ›Faschismus‹ vergessen machen, daß der Nationalsozialismus von links kommt«.

Diese abstruse Bemerkung wurde von Hans Pretterebner, einem Abgeordneten der zur F-Bewegung mutierten FPÖ, neun Jahre später aufgegriffen. Bei einer Diskussion im Salzburger Bildungswerk Mitte Mai 1995 behauptete er: »Der Nationalsozialismus war eine linke Bewegung.« Deshalb könnten die Ermordung von vier Roma in Oberwart sowie die anderen gegen Minderheiten gerichteten Bombenanschläge durchaus auf das Konto der »Linken« gehen.

Eine Relativierungsstrategie, die offensichtlich zum Ziel hatte, den Rechtsextremismus aus seinen mörderischen historischen Zusammenhängen zu lösen und wieder salonfähig zu machen. Andreas Khol, mittlerweile zum Klubobmann der ÖVP avanciert, kann es sich zugute halten, mit seiner exotischen Waldheimverteidigung der völligen Umwertung des Nationalsozialismus durch österreichische Politiker Tür und Tor geöffnet zu haben.

Im Waldheim-Heldenepos »*Die Kampagne*« wird Khols Argumentation von Gottfried-Karl Kindermann, Professor und Direktor des Seminars für Internationale Politik der Universität München, unterstützt. Auch er präsentiert uns die Austrofaschisten – ein Wort, das niemals über seine Lippen käme – erneut als jene Widerstandskämpfer, die sie neuerdings sein sollen. Kindermann versteht es, den »Hahnenschwänzlern« alle jene Merkmale zu unterstellen, die er in ihren idealtypischen Selbstbeschreibungen aufgestöbert hat (»Transnationale Weltoffenheit, Humanität, Konzilianz, Katholizität und einen besonderen Hang zum Musischen, zum Schönen und zur Lebensfreude«), ohne auch nur zu erwähnen, daß Austrofaschisten und Nationalsozialisten eines weitgehend gemeinsam hatten: die Feindbilder.

Anstatt Hirtenbriefe und politische Selbststilisierungen zu zitieren und anstatt uns die Peinlichkeit zuzumuten, daß auch Dollfuß nichts anderes tat, als »den einmal recht erkannten Weg der Pflicht« zu gehen, hätte er lieber die *Reichspost* lesen sollen, jene offiziöse christlich-soziale Zeitung, die den Österreichern erklärte, wer denn ihre Eigenstaatlichkeit gefährde: »Österreichs Feind stand immer dort, wo Heinrich Mann steht: links. Österreichs Feind war von jeher der Geist, der stets verneint. Jener Geist, dessen Bücher auf Scheiterhaufen des Dritten Reichs in Rauch aufgingen.« (*Reichspost* vom 26. November 1933.) Dieser Artikel ist kein Ausrutscher, wurden doch am 10. Mai 1933 in Deutschland zu einem Gutteil Bücher von Autoren verbrannt, die ein Jahr später auch in Österreich auf Verbotslisten standen, Heinrich Mann unter ihnen. Daß es 1934 eine Verhaftungs- und Emigrationswelle gegeben hat, ist für Kindermann genauso nebensächlich wie die Zeit von 1936 bis 1938, in der die Grenzen zwischen Abwehr von Nationalsozialisten und Kollaboration mit ihnen in Wirklichkeit nicht mehr zu ziehen waren. Anstatt die Schuschnigg-Rede vom Mai 1933 über »Die deutsche Sendung Österreichs« zu zitieren, in der der damalige Justizminister die »tiefinnere Verbundenheit mit dem Reich« nicht nur durch die gemeinsame Sprache und Kultur, sondern auch durch die »gemeinsame Rechtsanschauung« gegeben sah, tischt uns Kindermann erneut die Story auf, die austrofaschistische Diktatur sei in Wirklichkeit nur eine autoritäre Abwehrmaßnahme gegen den Nationalsozialismus gewesen, ein Rettungsakt Österreichs nach der »von der Opposition initiierte(n) beschämende(n) und symptomatische(n) Selbstparalyse des Parlaments vom März 1933«.

Auch wenn man, wie Karl Kraus, bereit ist, Dollfuß, gemessen an Hitler, als das kleinere Übel anzusehen, auch wenn man die Niederschlagung des Naziputsches vom 25. Juli 1934 zu würdigen weiß, heißt das noch lange nicht, vergessen zu müssen, daß der Austrofaschismus Österreich auf den Nationalsozialismus auch vorbereitet hat. Doch Kindermann interessieren nicht die engen linken, sondern nur die weiten rechten Kreise der Bevölkerung, und so rankt er um den austrofaschistischen Diktator einen Heldenmythos: »Sein dramatischer und christlicher Opfertod steigerte seine Beliebtheit bei weiten Kreisen der Bevölkerung.«

Mit der Feststellung, die Nazis mußten in Österreich mit der Wehrmacht einmarschieren, weil sie im Land von Dollfuß besiegt worden waren, wird Kindermann jene böswilligen Ausländer, die behaupten, die Nazis hätten statt Gegenwehr Jubel vorgefunden, nicht überzeugen können. Da wäre es auch für seine Sache besser gewesen, sich wenigstens für einen Augenblick der Frage zuzuwenden, warum die Nazis in der großen vaterländischen Zeit ständig wachsenden Zulauf fanden.

Das ordnungsstiftende Prinzip des »neuen Patriotismus« hat sich aber von alten, gar nicht so patriotischen Wünschen nach einer starken Hand nicht abgegrenzt. Wie sollte es auch, trifft es doch im ganzen Land (besonders unter den FPÖ-Wählern) auf die Meinung, es wäre nicht das Schlechteste, wenn heute wieder ein kleiner Hitler käme. Der niederösterreichische Landeshauptmann Siegfried Ludwig (ÖVP) hatte für die Waldheim-Werbung folgenden Stehsatz parat: »Waldheim beweist in diesen für ihn und Österreich so schwierigen Tagen große Standfestigkeit, Aufrichtigkeit und Führungsqualitäten. Er hat das Format eines Bundespräsidenten, den wir gerade jetzt dringend brauchen.«

Wie einleitend anhand des Begriffs der Familie veranschaulicht, wurde Waldheim zur Galionsfigur der wertkonservativen Wende in

Österreich. Es war dies die Rolle, in der er sich selbst sichtlich am wohlsten gefühlt hat. Keine Wahlveranstaltung, in der er sich nicht als der Retter der christlichen Werte in Österreich dargestellt hätte. Die Dramaturgie war immer ähnlich. Es galt, dem Volk zu suggerieren, daß das katholische Lebensgefühl der Aufbaugeneration, sozusagen der Fernsehfauteuil der österreichischen Seele, in Mißkredit geraten sei. Das klang dann so: »Wir haben dieses unser Land, dieses unser Österreich in den Nachkriegsjahren wieder aufgebaut, unter ganz schweren Umständen. Das konnten wir nur, weil wir uns zu den Werten der christlichen Weltanschauung bekannten. Was war denn das? Ja, das waren hohe Moral, hohe Ethik, das war Nächstenliebe, und das war Zusammenarbeit. Sehen Sie, meine Freunde, diese Werte der christlichen Weltanschauung, zu der ich mich bekenne, die sind dann im Zuge der Wohlstandsgesellschaft verlorengegangen.«

Ein Präsidentschaftkandidat läutet die wertkonservative Wende ein, und die Funktionäre beginnen zu tanzen. Steirische ÖVP-Landtagsabgeordnete (Hermann Kröll, Richard Kanduth, Hubert Schwab) und ein ÖVP-Nationalratsabgeordneter (Hermann Lussmann) verfaßten gemeinsam einen Wahlaufruf für Waldheim, in dem sie die Verstrickung in den nationalsozialistischen Aggressionskrieg als moralisch ehrbaren Kampf gegen ein nicht genanntes Übel (das der gelernte Österreicher mit Kommunismus und ein bißchen auch mit Weltjudentum assoziieren darf) darstellen: »Wir bitten Sie aus aufrichtiger Überzeugung, den parteiunabhängigen Kandidaten Dr. Kurt Waldheim zum Bundespräsidenten zu wählen, weil Pflichterfüllung, ein abgelegter Eid und volle Einsatzbereitschaft stets sein Tun und Lassen bestimmt haben. Hätten nicht Millionen Soldaten bis zum 8. Mai 1945 ihre Pflicht erfüllt, wäre Mitteleuropa, wenn nicht der ganze Kontinent, und damit auch Österreich, einen anderen Weg gegangen.«

Der Aufruf liest sich wie eine Paraphrase auf eine Rede, die Jörg Haider ein halbes Jahr zuvor bei einem Veteranentreffen auf dem Ulrichsberg gehalten hatte. Unter seinen Adressaten waren auch Mitglieder der »Kameradschaft IV«, des Traditionsverbandes der ehemaligen Waffen-SS. Haider sagte: »Ihre Opfer sollen nicht umsonst gewesen sein! Ohne Ihren Opfermut gäbe es heute nicht jene Freiheit im westlichen Europa, die für viele schon so selbstverständlich geworden ist.«

Fünf Jahre später bescheinigte er derselben Zuhörerschaft, »die Grundlage für Frieden und Freiheit gelegt« zu haben. Und das soll heute nicht mehr gelten?

Waldheim zu wählen war Widerstand gegen eine Weltverschwörung. Von nationaler Schicksalsgemeinschaft hat man früher gesprochen. Einmal diese Geister erfolgreich aus dem Keller geholt, spuken sie bei jeder Gelegenheit. Noch die Katastrophe von Tschernobyl paßt in dieses Szenarium. Jens Tschebull schrieb im Wahlkampf: »Die durch Tschernobyl ins Bewußtsein gerufenen Möglichkeiten der äußeren Bedrohung durch Strahlung und andere Krisenfälle könnten das Bekenntnis zur nationalen Schicksalsgemeinschaft stärken und die Entfremdung zwischen Politikern und Volk mildern.« Fast sieht es so aus, als hätten die Russen Tschernobyl für Österreich inszeniert, als hinterlistige Empfehlung, Waldheim zu wählen.

Alle drei Stimmungslagen des Waldheim-Wahlkampfes – 1) die Wehrmacht als Ort von Anständigkeit und Pflichterfüllung, 2) Antisemitismus und Ausländerfeindlichkeit, 3) ostentativ hervorgekehrter österreichischer Patriotismus – wurden unter dem späteren ÖVP-Obmann Erhard Busek, der ein erklärter Waldheim-Gegner war, nicht weiter bedient. Dadurch waren sie aber nicht über Nacht verschwunden. Sie fanden ihren neuen politischen Formulierer in Jörg Haider. Während sich die beiden Großparteien SPÖ und ÖVP zu einer großen Koalition zusammenschlossen und alle Energie dafür aufwendeten, den durch die Waldheim-Kampagne entstandenen Schaden herunterzuspielen und internationale Image-Korrektur zu betreiben, blieb es der FPÖ vorbehalten, den Waldheim-Wahlkampf für ihre eigenen Zwecke zu prolongieren. Waldheims Sieg und die damit verbundene Paralysierung der beiden Großparteien waren die Voraussetzung für den Aufstieg von Jörg Haider.

Am schwersten tat sich Jörg Haider freilich mit der dritten Ebene, mit dem österreichischen Patriotismus. Die Freiheitliche Partei Österreichs hat in ihrem Programm nämlich ein Bekenntnis »zur deutschen Volks- und Kulturgemeinschaft« verankert. Jörg Haider bezeichnete den Begriff der österreichischen Nation als »eine Mißgeburt«.

Bei einer Pressekonferenz am 17. Februar 1985 grenzte er seine

Partei von der NSDAP mit folgender Logik ab: »Die FPÖ ist keine Nachfolgeorganisation der NSDAP, denn wäre sie es, hätte sie die absolute Mehrheit.« Drei Jahre später erklärte er: »Die geistigen Vorfahren der Freiheitlichen Partei sind nicht dort angesiedelt, wo Sie glauben. Unsere Vorfahren sind die Großdeutsche Partei, der Landbund...«

Hans-Henning Scharsach, dessen Buch *Haiders Kampf* eine Fülle von personellen und ideellen Kontakten der FPÖ ins rechtsextreme Lager nachweist, wollte dieses Ablenkungsmanöver nicht einfach hinnehmen. Er las im Programm der Großdeutschen Volkspartei von 1920 nach und fand dort folgende Beschreibung des Begriffs der Volksgemeinschaft: »In ihm liegt das Gebot der Abwehr volksfremder, schädlicher Einflüsse und das Bedürfnis nach Schutz gegen Fremdkörper, die dem Volksorganismus gefährlich sind. Ein solcher Fremdkörper ist das Judentum.«

Der Spagat, sich zur Speerspitze des österreichischen Patriotismus aufzuschwingen, gelang Jörg Haider einerseits über die emotionale Ausreizung der Fremdenfeindlichkeit nach der Öffnung der Ostgrenze, andererseits durch eine Neuorientierung im Zuge der EU-Kampagne. Die FPÖ war ursprünglich vehement für einen Beitritt Österreichs zur Europäischen Gemeinschaft eingetreten. Als Jörg Haider aber merkte, daß in der Vorbereitung zur Volksabstimmung über den Beitritt zur Europäischen Union für die Argumente der Gegner kein nennenswerter Platz vorgesehen war, verordnete er seiner Partei eine radikale Kehrtwendung. Er machte sich zum Sprecher der EU-Verlierer und der Lodenjanker-Fraktion, jener traditionellen patriotischen Kräfte, die sich mitten in der Großstadt kleiden, als kämen sie gerade von einem Jagdausflug zurück. Letztere aber waren zum überwiegenden Teil Waldheim-Wähler gewesen, die sich nun von Buseks ÖVP im Stich gelassen fühlten.

Seither vergeht keine Rede, in der Jörg Haider nicht den »anständigen Österreicher« gegen alle einheimischen und europäischen Übel hervorkehrt. Der »anständige Österreicher«, das ist jener austriazistische Phänotyp, der im Schrebergarten die Probleme der Welt löst, aber gleichzeitig vor dem Tor ein Schild postiert: Vorsicht, bissiger Hund!

Politik der Gefühle

Politik der Gefühle meint Politik als ästhetisches Verfahren, als eine Sache des Geschmacks; genauer: Politik nach dem Verfahren der Warenästhetik, der Produktwerbung. Die Grundfrage jeder Marketing-Abteilung: »Wie verkaufe ich das den Leuten?« gilt mittlerweile auch als Frage eines Politikers durchaus als normal. Die Propagandaabteilungen der Parteien wurden zu »Informationsbüros« und zur Abteilung »Medien und Öffentlichkeit«. Diese Umbenennung sollte jene Aufdringlichkeiten weltanschaulicher Auseinandersetzungen vergessen machen, die Politik den Verfahren der Warenästhetik bislang weitgehend versperrt hatte. Dann erst ist Politik vermarktbar wie das sprichwörtliche Waschmittel, wenn ihre Inhalte keine Angelegenheit der Gesinnung mehr sind, vielmehr Waren, die sich mit bestimmten Gefühlen verbinden. Freilich hatte es Politik immer schon mit Gefühlen zu tun, grundsätzlich geändert aber hat sich ihr Einsatz im politischen Kalkül.

Betrachtet man das Verhältnis von Gedanken und Gefühlen, so kann man, was die Politik betrifft (nicht nur die Staatspolitik, sondern die Organisation des Zusammenlebens auf allen Ebenen), zwei Strategien voneinander unterscheiden.

Die erste Strategie ist das Terrain der klassischen Agitation. Der Agitator versucht die Gefühle der Menschen so zu beeinflussen, daß sie auf die für richtig gehaltenen Zusammenhänge und Interpretationen ansprechen. Er malt die Schrecken der Alternative aus, er versucht, den Zuhörern ihre triste Lage spürbar zu machen, er gibt ihnen einen Vorgeschmack auf das Glück, das ein bestimmtes Programm bringen wird. Ginge es dabei nur um ein intellektuelles Begreifen und Neuverstehen, dann bedürfte die Agitation nicht des Mittels der Rhetorik. Die Rhetorik gründet in ihrer antiken Tradition auf dem Grundschema *movere et conciliare*. Das *movere* funktioniert jedoch nur, wenn der erregte Affekt eine Bejahung erfährt, eine Art Genuß bereitet, jedenfalls eine voreilige Distanzierung unterbindet. Dieses Gefühl wird schrittweise mit einem intellektuellen Aufbau versehen, derart, daß schließlich aus dem Genuß der eigenen Affekte eine Überzeugung hervorgeht, die in gewissem Ausmaß die Emotionen ihrer Entstehung ständig reproduziert.

Movere et conciliare, die Verlockung der Gefühle und die Überzeugung der Rationalität, stehen in einem genau definierten Verhältnis zueinander: Die Verlockung ist das Mittel zum Zweck der Vermittlung einer für den Rhetoriker feststehenden Überzeugung. In diesem Zusammenhang sei erinnert an Blochs Aufsatz »Kritik der Propaganda«, 1937 in der *Neuen Weltbühne* veröffentlicht, eine Kritik der kommunistischen Parteiredner, die davon ausgingen, die Wahrheit sowieso auf ihrer Seite zu haben. Bloch gab ihnen eine Lektion in Sachen Rhetorik: »Gerade die Wahrheit verlangt, in ihrer angemessenen Fülle wie pädagogischen Vermittlung, daß sie nicht nur ist und wird, sondern auch scheint.«

Die Gefühle gelten in der klassischen Agitation als das Flexible, das Lenkbare, das Verformbare. Die neue Gesinnung ist Frucht einer veränderten Gefühlsbasis.

Ganz anders die zweite Strategie. Sie will die Gedanken auf bestimmte Gefühlsebenen lenken, wobei die Gefühle das Unantastbare, Grundlegende sind und die Gedanken das Flexible, das den Gefühlen einen Artikulationszusammenhang schafft.

Politik in Österreich beschränkt sich heute im großen und ganzen auf die zweite Strategie. Ihr kommt es auf Grundsätze, Wahrheit usw. nicht mehr an. Ihr geht es einzig darum, gegebene Gefühle machtpolitisch nutzbar zu machen, ihnen einen politischen Ausdruck zu verschaffen. Sie werden als solche nicht in Frage gestellt, wohl aber wird jede Aussage überprüft, die sie nicht zu erreichen vermag. Dies ist eine Art umgekehrter Agitation. Es ist die Strategie einer prinzipiellen Standpunktlosigkeit. Der Werber bewegt sich selbst, umschmeichelt den Umworbenen, hält ihn in gegebenen Gefühlswelten fest und bestätigt diese. Deren Abkunft interessiert ihn nicht, nur deren Ausdruck. So steht auch hier am Schluß eine Aussage, doch die Aussage ist relativ beliebig. Sie hängt davon ab, zu wem der Werber spricht.

Paradoxerweise stehen bei der Politik der Gefühle die Emotionen und Affekte gar nicht zur Debatte. Es interessiert einzig der Mechanismus, mit dessen Hilfe politische Aussagen für vorhandene Gefühlslagen gefunden werden können. Das politische Informationsbüro, die Abteilung Öffentlichkeitsarbeit, wird, wenn es darauf ankommt, ein reines Werbebüro, das im Prinzip für jedes Produkt werben könnte. Die Aussagen sind nicht das Ziel, sondern die Verknüpfung des Produkts mit dem Gefühlsleben des Umworbenen. Das Produkt ist dabei nur ein von Gefühlsprojektionen umnebelter Markenname. Es kann Waldheim heißen, oder Pepsi, das spielt keine Rolle. Es wird nicht näher beschrieben. Die Aussagen dieser Politik der Gefühle handeln nämlich gar nicht vom Produkt (von einer bestimmten politischen Überzeugung), sondern von der gegebenen Gefühlslage, vom Charakter des Umworbenen.

Wir wissen nicht, wie es Waldheim mit der Pflicht hält. Wahrscheinlich weiß Waldheim, daß Pflicht inzwischen ein völlig nichtssagender Begriff ist, der gerade deshalb den großen Vorteil bietet, daß sich sein Bedeutungsfeld beliebig arrangieren und mit Pathos aufladen läßt. Man kann Mitläufer aus Pflichtgefühl sein, oder Widerstandskämpfer. Der Begriff bleibt derselbe, beschrieben wird darin einzig die Gruppe, an die er sich wendet. Anhand der Waldheim-Wahl läßt sich dieser Vorgang gut nachvollziehen, weil Waldheim als Präsident bald vor der Not stand, nun auch um andere Gruppen werben zu müssen.

Die klassische Agitation ist in Mißkredit geraten. Die Politik der Überzeugung, die Gefühl für ihre Zwecke umzupolen sucht, gilt als Demagogie, als Verführung. Das hat einen einzigen Grund: Ihre Absicht ist klarer durchschaubar. Politische Agitation muß ihre Ziele und Zwecke ausdrücklich formulieren.

Politik der Gefühle hingegen ist scheinbar absichtslos. Anstatt eines Informationswertes bietet sie einen Unterhaltungswert. Statt Aussagen und politische Ziele vorzugeben, statt Standpunkte darzulegen und Urteile zu fällen, wird bestenfalls erhoben, welche Aussagen, Formeln und Urteile sich verkaufen lassen. Es geht darum, ein öffentliches Ausdrucksfeld zu schaffen, das der gegebenen Gefühlslage am nahtlosesten angepaßt ist. Es ist keine Verführung zu einer Haltung, sondern es ist das Einschmeicheln eines Produkts. Der Umworbene kann der Politik der Gefühle nicht widersprechen. Sofern der Werber überhaupt etwas Diskutables sagt, redet er dem Umworbenen doch nur von der Seele. Widersprechen kann immer nur der Nichtumworbene, sofern er sich der Illusion hingibt, es gehe dem Werber auch um ihn. Seine Einwände werden echolos verhallen, bis er dahinterkommt, daß er gar nicht zur Zielgruppe gehört.

Der Waldheim-Wahlkampf wurde von der US-Werbeagentur Young & Rubicam inszeniert. Vielleicht liegt schon allein in dieser Tatsache ein Grund dafür, daß die Beachtung, die diese österreichische Präsidentenwahl international gefunden hat, mit allen bisherigen Wahlen nicht vergleichbar ist. Anstatt, wie es einem politisch-rationalen Verhalten entspricht, gegnerische Kritik argumentierend zu entkräften, wurde sie selbst zum Mittel der eigenen Wahlwerbung gemacht. Hätte Waldheim sofort seine Tätigkeiten und Funktionen beim Balkankrieg dargelegt und hätte er von seiner heutigen Überzeugung her auch selbstkritische Worte dazu gefunden, innerhalb kürzester Zeit wäre alles vorbei gewesen. Freilich, die Wahl hätte er dann wohl nicht gewonnen. Er wäre mit dem Stigma dessen behaftet gewesen, der erst durch Kritik gedrängt wurde zuzugeben, daß er sich mit seinen ersten Karrierewünschen gründlich geirrt hat. Und die Kärntner Nazis wären der Empfehlung ihres Landeshauptmanns Leopold Wagner (SPÖ) gefolgt – der mit dem Brustton der Überzeugung bekundete, ein »hochgradiger Hitlerjunge« gewesen zu sein – und hätten Kurt Steyrer gewählt. Da war es weitaus erfolgversprechender, die Kontinuität von Anständigkeit und Pflichterfüllung zu betonen und alle Unanständigkeit und Unmoral den Kritikern zu unterstellen.

Man sollte daraus keine übertriebenen Schlußfolgerungen über die Person Kurt Waldheim ziehen, seinen Charakter weniger nach seinen Aussagen zu Pflichterfüllung und Anständigkeit beurteilen, sondern mehr danach, daß er sich für diese Produktinszenierung hergegeben hat. Diese zur Schau getragene Selbstzufriedenheit, die keine Schuld kennt und keine Trauer, das war nicht Waldheim als Person, der – so hoffe ich jedenfalls – Schuld und Trauer kennt. Das war der Werbeausdruck einer Zielgruppe: Ein Österreicher wie Waldheim. Darin liegt die systematische Umwandlung der Moralität in eine Ästhetik des Politischen. So wie Klaus Maria Brandauer in seiner Lieblingsrolle als Hamlet gerne die Tragik der Menschheit auf sich nimmt, so hat auch Waldheim im Wahlkampf schließlich seine

Lieblingsrolle gefunden: Er nahm die Tragik des österreichischen Volkes auf sich. Das Publikum dankt es beiden.

Dieser Ästhetisierungsprozeß ist nicht auf den Waldheim-Wahlkampf beschränkt, er trat nur bei dieser Gelegenheit in Österreich erstmals offen zutage und scheint im Moment irreversibel zu sein. Die Politik der Gesinnungslosigkeit ist gleichzeitig eine Politik der neuen Unverfrorenheit. Wer nach der Waldheim-Wahl zum großen Wahlauftritt der SPÖ in die Wiener Stadthalle pilgerte, wurde auch dort nicht mit politischen Überzeugungen belästigt, sondern konnte zusehen, wie der Parteivorsitzende Fred Sinowatz und der Bundeskanzler Franz Vranitzky sich mit den Beinen von Marlene Charell herumschlugen und Cancan tanzten. Die wichtigste Frage des Abends war, ob Marlene nun ein Höschen trug oder nicht.

Politik der Gefühle heißt: Die Wahrheit liegt im Spektakel des gelungenen Werbeauftritts. Wahlkampf bedeutet: an der Stelle, an der einst die Kämpfe um politische Grundsätze ausgetragen wurden, künstlich Furore entfachen. Die Moralität ist der politischen Ästhetik Ausschußware, bestenfalls ist sie vorübergehender Inhalt, aber niemals Bestimmungsgrund ihrer Form. Darin liegt heute das Wesen des Politischen, oder besser gesagt, jenes Gebildes, zu dem das Politische sich verflüchtigt hat.

Politik als moralisches Phänomen ist unfaßbar geworden, weil kein Politiker mehr eine historische Verantwortlichkeit empfindet. Höchstens fühlt er sich dafür verantwortlich, die richtigen Worte für die Verantwortung oder Mitverantwortung der anderen zu finden. Und damit hat es sich dann auch. Verantwortung im eigentlichen Sinne wäre aber an Taten zu messen. Spricht einer ausnahmsweise von der eigenen Verantwortung, dann dient das zumeist dazu, eigene Privilegien zu verteidigen.

Daß Politik Streiten und Handeln im Dienste gesellschaftlicher Werte und Ziele bedeutet, scheint völlig in Vergessenheit geraten zu sein. Wenn man heute einem Politiker zutraut zu handeln, dann unterstellt man ihm damit allenfalls ein gewisses Geschick für Krisenmanagement. So, als wäre die Gesellschaft fertig, als hätte sie eine endgültige Ordnung erreicht, in der man von einem Politiker nichts anderes erwartet, als dafür zu sorgen, daß der Status quo erhalten bleibt und nicht alles den Bach hinuntergeht.

Als höchste politische Fähigkeit gilt heute die Medienpräsenz. Politiker, die nicht eine Art Naturtalent dafür haben oder eine Schauspielausbildung, müssen in vielfältigen Lehrgängen und Seminaren lernen, der Ästhetik des Staates den Stempel persönlicher Eitelkeit aufzudrücken. Dadurch, daß die moralische Autonomie schon wieder kein Kriterium des politischen Erfolgs ist (hier scheitert mögliche Aufklärung ein zweites Mal an ihren Nachkriegsillusionen), ist auch keine Hoffnung mehr an politischen Verfahrensweisen festzumachen. Hoffnung ist – um ein Brecht-Wort zu variieren – in die Transzendentale gerutscht. Beobachtet man, wie politische Entscheidungen in Szene gesetzt werden, wird man kaum etwas erfahren können, was über gegebene Verhältnisse hinausweist. Politik vermittelt keine Perspektiven, keine Hoffnung mehr, sie zeigt allenfalls die Realität, wie sie ist. Von »Politik«, im eigentlichen Wortsinn: Auseinandersetzung über öffentliche Angelegenheiten, läßt sich nur mehr sprechen, wenn man bereit ist, Werbestrategien und die damit verbundenen psychosozialen Erkundungen als Politik zu akzeptieren: Zu Recht spricht man heute eher vom politischen *Geschäft*.

Ein längerfristiges politisches Denken, das man auch intellektuell vermitteln müßte, gibt es nicht mehr. Seit 1992, seit Österreich begonnen hat, radikaler als alle anderen westlichen Staaten, Fremdengesetze zu machen, ist das ganz offensichtlich. Wenn der Wiener Bürgermeister Michael Häupl oder der für den kommunalen Wohnbau zuständige Stadtrat gefragt werden, warum seit Jahren hier lebende und Steuer zahlende Menschen, die keinen österreichischen Paß haben, nicht in den sozialen Wohnbau aufgenommen werden, dann lautet die Antwort schlicht und einfach: Die Menschen wollen das nicht. Hier stimmen per Ferndiagnose, das politische Wetterfähnchen tief in die Ressentiments der Wirtshaustische versenkt, die Unbedürftigen, die schon eine Wohnung haben, über diejenigen ab, die am bedürftigsten sind. Dabei ließe sich beweisen und wäre auch einer Mehrheit vermittelbar, daß der Schaden für die Stadt und ihre Menschen mit der Zeit wesentlich größer ist, wenn man die Ausländer nicht in den sozialen Wohnbau aufnimmt. In die Wohnbauförderung müssen sie übrigens brav einzahlen.

Manche Politiker bezeichnen, was sie tun, als »ehrliche Politik«. Auch das ist zutreffend, weil es keinen Maßstab mehr gibt, an dem sich diese Ehrlichkeit messen muß. Der Maßstab ist immer genau der, den der Zuhörer verwendet: L'état, c'est votre sentiment!

Für diejenigen, die den großen Führer haben wollten, thronte Waldheim majestätisch hinter einem barocken Schreibtisch, für diejenigen, die es mehr mit der Kumpanei hielten, mischte er sich in die Fußgängerzonen und verwandelte, mit Hilfe von Sofortbildkameras, die flüchtige Nähe in dauerhafte Begegnungen. Der Kandidat war alles gleichzeitig und auch das Gegenteil. Wies ein BBC-Reporter darauf hin, daß in diesem Wahlkampf antisemitischen Emotionen zum politischen Ausdruck verholfen werde, sagte der Kandidat: »Ich glaube nicht, daß der Antisemitismus hier ein Problem ist.« Wiesen österreichische Intellektuelle darauf hin, sagte der Kandidat: »Ich werde alles unternehmen, um dem Antisemitismus entgegenzuwirken.«

Durch die Schamlosigkeit, mit der jede Kritik am Waldheim-Wahlkampf für diesen genutzt wurde, wurde aus dem Fall Waldheim und dem Fall eines gewissen (leider viel zu hohen) Bevölkerungsanteils ein Fall Österreich. Plötzlich wurde Österreich von überall her beobachtet. Es hatte eine Art Reifeprüfung zu absolvieren, es hatte zu zeigen, wie es seine eigene Geschichte versteht. Ist es durchgefallen?

Es ist gar nicht zur Prüfung angetreten. Es hat statt dessen diejenigen beschimpft, die sich anmaßten, über die Reife der Österreicher zu befinden. Ein möglicher Weg. Doch kaum hatten die Prüfenden zur Kenntnis genommen, daß die Österreicher gegen sie opponierten, sie diffamierten, ihnen jede Kompetenz absprachen, kamen die Geprüften kleinlaut daher, um lieb Kind zu spielen, sich einzuschmeicheln, sich unschuldig zu geben. Wir haben ihn ja nur zum Klassensprecher gewählt, sagten sie, weil einige Lehrer so ungerecht zu ihm waren. Sozusagen aus alter Anhänglichkeit an die gerechte Sache, aus Nächstenliebe, aus Erbarmen und Mitleid. Natürlich wollen wir alle das Reifezeugnis haben, aber nicht für eine Prüfung in aller Öffentlichkeit, sondern einfach für gutes Benehmen, für Höflichkeit und Knickse.

Die Amerikaner werfen uns sorglosen Umgang mit der Vergangenheit vor, wir schicken ihnen als Antwort die Sängerknaben, die Philharmoniker und André Heller. Oder auch die Ausstellung »Wien um 1900«. Sie wurde noch im Monat der Waldheim-Wahl im *Museum of Modern Art* eröffnet. Zu diesem Zweck flogen zahlreiche Politiker – von denen einige die Strecke schon gut kannten, weil sie hier öfters gratis unterwegs waren, um Fluglinien und Flughäfen zu studieren – nach New York. Sie kamen mit einer Kabarett-Nummer zurück. Der damalige ÖVP-Wirtschaftssprecher Robert Graf behauptete, der Wiener Bürgermeister Helmut Zilk habe in New York gesagt, in Österreich gäbe es zwei Lager, von denen eines die Geschichte ignorieren wolle. Dies sei eine Niedertracht. Zilk antwortete darauf, das sei eine Unterstellung und die Unwahrheit. (Politiker bei uns lügen nicht, sie sagen immer nur die Unwahrheit.) Er präsentierte einen Tonbandmitschnitt seiner Rede, in der es keine Zwei-Lager-Theorie gab. Graf hielt auch das für Niedertracht; eine miese Sache werde durch einen miesen Stil nicht besser.

Hätte Zilk doch von zwei Lagern gesprochen: Er hätte – sofern er damit nicht die beiden Großparteien gemeint hätte – die Wahrheit gesagt. So bleibt von der weltweiten Kritik an Österreichs Umgang mit seiner Vergangenheit nur der bescheidene Unterhaltungswert mehrerer Interviews zurück.

Rudolf Burger, der als Ministerialbeamter täglich erlebte, wovon er sprach, nannte die Darstellung Österreichs durch seine Politiker eine »systematische Selbstinfantilisierung«: »Was anderswo Folklore wäre, dienlich bloß dem Fremdenverkehr und allen jenen peinlich, die nicht im Gastgewerbe tätig sind, ist hierzulande ein Fundament des Staates.«

Doch man darf eine Politik der Gefühle und eine darauf basierende Ästhetik des Staates nicht auf ihren Wahrheitsgehalt prüfen. Wenn die Schifahrer wieder einmal gewinnen und ein Politiker der Meinung verfällt, die ganze Welt schaue zu, dann ist das ein Sieg für Österreich. Was zählt, ist immer nur der Augenblick. Wie sagte doch Kurt Waldheim: »Mit Altbundeskanzler Dr. Fred Sinowatz hat es Differenzen gegeben, mehr will ich dazu gar nicht sagen. Denn das waren politische Auseinandersetzungen im Wahlkampf, und das ist jetzt vorbei.« Denn jetzt war schon wieder alles anders. In gemeinsamer Anstrengung wurden Millionenbeträge in die Image-Pflege investiert. Der Arbeitsplatz eines einzigen Politikers war unserer Republik gigantische Summen wert. Allein die Stadt Wien zahlte zwanzig Millionen, um die US-Bürger durch österreichisches Operettenschmalz mit unserer Gemütlichkeit wieder zu versöhnen. Die Politik der Gefühle ist wie ein Feuerwerk: entzündete Gegenwart, die keine Vergangenheit kennt. Sie ist die Meisterschaft des erinnerungslosen Hier und Jetzt. Mal ist sie Unterhaltungsgewerbe, mal Verschönerungsverein. Und an Gedenktagen wird mit erbaulichen Predigten die Gegenwart vom Schmutz der Vergangenheit reingewaschen.

Kleine Geschichte der politischen Nachkriegsmoral

Das Jahr 1985 wurde in Österreich zum »Jahr der Zeitgeschichte« erklärt, wozu es gleich zwei Anlässe gab: den vierzigsten Jahrestag der Befreiung vom Nationalsozialismus und den dreißigsten Jahrestag des österreichischen Staatsvertrags. Erstmals seit 1945 wurde die kritische Intelligenz ermuntert zu sagen, was ihr an Österreichs Umgang mit seiner Vergangenheit nicht passe, um staatlicherseits gleichzeitig zu beteuern, daß das alles längst überholt sei. Wissenschaftsminister Heinz Fischer (SPÖ) eröffnete im März 1985 ein Symposion des Instituts für Wissenschaft und Kunst mit dem Titel »Verdrängte Schuld, verfehlte Sühne. Entnazifizierung in Österreich 1945 bis 1955«. Er sagte unter anderem: »Ich bin überzeugt, daß es Österreich gelungen ist, das faschistische Erbe im Wege der ›Entnazifizierung‹ zu überwinden. Aufgabe dieses Symposions und der hier referierenden Fachleute wird es sein, diese Grundtatsache zu untermauern und mit Details zu belegen.« Nicht das vom Wissenschaftsminister vorweggenommene Ergebnis wurde bestätigt, vielmehr die Einschätzung seines Namenskollegen und ehemaligen österreichischen Parlamentariers Ernst Fischer, der den Österreichern der Nachkriegszeit in Sachen Entnazifizierung das schlechteste Zeugnis ausstellte, weil, wie er meinte, die eigentliche »Diskussion, die über das Juridische weit hinausging, die nicht den einzelnen ertappen, sondern die Wurzeln des Übels bloßlegen, also im tiefsten Sinn des Wortes ›radikal‹ sein sollte, ihnen unerwünscht war«. So wurde aus dem Symposion, ganz gegen die Erwartungen seiner Finanziers, die bemerkenswerteste Dokumentation österreichischer Zeitgeschichtsschreibung, der die folgende Darstellung eine Fülle von Hinweisen und Anregungen verdankt.

Die Zweite Republik Österreich entstand aus einer Verschleierung. Die Unabhängigkeitserklärung der Provisorischen Regierung unter Karl Renner vom 27. April 1945 führte zu ihrer Legitimation an, »daß die nationalsozialistische Reichsregierung Adolf Hitlers kraft dieser völligen politischen, wirtschaftlichen und kulturellen Annexion des Landes das macht- und willenlos gemachte Volk Österreichs in einen sinn- und aussichtslosen Eroberungskrieg geführt hat, den kein Österreicher jemals gewollt hat, jemals vorauszusehen oder gutzuheißen instand gesetzt war, zur Bekriegung von Völkern, gegen die kein wahrer Österreicher jemals Gefühle der Feindschaft oder des Hasses gehegt hat«. Schon auf Grund dieser Selbsteinschätzung war zu erwarten, daß die neue Republik nicht viel unternehmen würde, um jene Emigranten zurückzuholen, die bis zu ihrer Vertreibung zwar macht-, aber nicht willenlos waren, die, wie die meisten Österreicher, sehr wohl den Eroberungskrieg vorhersahen, weil sie den Nazis zutrauten, die »Lebensraumfrage«, wie angekündigt, gewaltsam zu lösen. Emigranten, die einen solchen Krieg tatsächlich für sinnlos hielten, wenngleich sie, nunmehr im Gegensatz zu den meisten Österreichern, hofften, daß er auch aussichtslos sein werde, und die, was am unangenehmsten sein konnte, sich genau erinnerten, gegen welche Völker und Gruppen der »wahre Österreicher (...) Gefühle der Feindschaft oder des Hasses gehegt hat«.

Die offizielle Mystifizierung der eigenen Geschichte, die am Beginn der Zweiten Republik stand, konnte sich auf ein Dokument der Moskauer Konferenz vom Oktober 1943 berufen, in dem Österreich bezeichnet wurde als »das erste freie Land, das der Hitlerschen Aggression zum Opfer gefallen ist«. Diese unter anderen Bedingungen und aus ganz anderen taktischen Überlegungen von den alliierten Außenministern entwickelte Formulierung wurde in Österreich zum obersten Grundsatz des staatspolitischen Umgangs mit der eigenen Vergangenheit. Den Alliierten war daran gelegen, Großdeutschland zu zerschlagen, wobei auch die Variante, Bayern und Österreich zusammenzuschließen, ins Gespräch kam. Weiters hatten sie erhofft, daß Österreich, in Erwartung seiner Eigenstaatlichkeit, einen starken Beitrag zur eigenen Befreiung leisten würde. Da dieser Beitrag aber sehr bescheiden ausfiel – erst fünfzig Jahre danach lernten die meisten Österreicher, daß das Wort Befreiung nicht nur für KZ-Häftlinge gilt –, lag es an der Provisorischen Regierung, diesen Beitrag sozusagen auf dem Verordnungswege nachzuliefern, wobei sie sich beeilte, der Unabhängigkeitserklärung anzufügen, »daß dieser Beitrag angesichts der Entkräftung unseres Volkes und Entgüterung unseres Landes zu ihrem (der Staatsregierung; J. H.) Bedauern nur bescheiden sein kann«. So war er dann auch. Die Provisorische Regierung wollte weder die Alliierten vergrämen noch das von faschistischer Gesinnung keineswegs von selbst geheilte Volk enttäuschen. So drohte sie den nationalsozialistischen Tätern an, daß sie »auf keine Milde rechnen können«. Sie würden nach demselben Ausnahmerecht behandelt werden, das sie selbst anderen aufgezwungen hätten. Andererseits biederte sich die Regierung an die Masse gewöhnlicher Nazis und Mitläufer an. So ist in der Regierungserklärung vom 27. April 1945 ebenfalls zu lesen: »Jene freilich, die nur aus Willensschwäche, infolge ihrer wirtschaftlichen Lage, aus zwingenden öffentlichen Rücksichten, wider innere Überzeugung und ohne an den Verbrechen der Faschisten teilzuhaben, mitgegangen sind, sollen in die Gemeinschaft des Volkes zurückkehren und haben somit nichts zu befürchten.«

Tatsächlich kehrte die Provisorische Regierung damit in die Gemeinschaft der Volksgefühle zurück, ohne auch nur einen Versuch unternommen zu haben, die bekannten Grundlagen »privater« Gesinnung der neuen Staatspolitik anzupassen. Die vielen Österreicher mit dem schwachen Willen (was immer das sein soll) brauchten nicht ihre Gesinnung als solche zu rechtfertigen, sondern sie hatten die Möglichkeit, wirtschaftlich zu argumentieren, und die wenigen, die da noch übrigblieben, konnten sich auf den autoritären Charakter des NS-Staates berufen. Im großen und ganzen war die Erklärung der Provisorischen Regierung ein Freibrief für alle, die nicht direkt an den nationalsozialistischen Verbrechen mitgewirkt hatten. Ob diese Verbrechen jedoch ohne die Masse der nun Exkulpierten überhaupt hätten stattfinden können, diese Frage blieb außerhalb öffentlicher Erwägungen. Es scheint, die wiedererstandenen Parteien haben Angst gehabt, ohne Nazis blieben ihnen zuwenig Wähler übrig.

Das Besondere an der österreichischen Entnazifizierung bestand darin, daß sie nicht, wie in Deutschland, fast ausschließlich von den Besatzungsmächten durchgeführt wurde, sondern daß die Österreicher, unter Kontrolle und auf Drängen der Alliierten, sich selbst entnazifizierten. Die Maßnahmen wurden von allen drei Parteien

(ÖVP, SPÖ, KPÖ) einstimmig beschlossen. Die vier Besatzungsmächte erteilten ihre Zustimmung, wobei die Amerikaner und Briten ihrerseits nach einer ersten Verhaftungswelle eine Fragebogenaktion zum Erfassen ehemaliger Nazis gestartet hatten. Die Haltung der österreichischen Parteien war trotz der gemeinsamen Beschlüsse unterschiedlich. Die ÖVP trat schon 1945 für eine bedingungslose Amnestie aller Mitläufer ein. Die SPÖ erwog zunächst eine Umerziehung, eine gezielte demokratische Gegenagitation. Die KPÖ befaßte sich mit diesem Problem am ausführlichsten und engagiertesten, forderte dann aber vor allem eine strenge Bestrafung der großen Nazis.

Am 8. Mai 1945 erließ die Provisorische Regierung ein Verfassungsgesetz über das Verbot der NSDAP, aller ihrer Gliederungen und jeder Wiederbetätigung in ihrem Geiste. Um den Alliierten zu zeigen, daß man seinen Beitrag zur Befreiung leistete, wurde eine Registrierung der ehemaligen Mitglieder der NSDAP verfügt. Sie waren vom Wahlrecht ausgeschlossen; doch wollte man sie, es waren etwa 15 % der wahlberechtigten Österreicher, die es zu einer Registrierung brachten, nicht allzusehr vergrämen, ließ doch eine milde Behandlung die Hoffnung auf eine baldige Revanche in Form von Wählerstimmen zu. Die beiden Großparteien begannen sich in ihrer Güte ehemaligen Nazis gegenüber zu übertrumpfen, ohne auf Grund der alliierten Erwartungen diese Güte richtig ausleben zu können. Vorbei wäre es gewesen mit der wunderbaren Sprachregelung von Österreich als dem ersten Opfer der Nationalsozialisten, der ja nicht einmal die Nachkriegsgesinnung entsprach. Tatsächlich hatte die österreichische Bevölkerung – mit Ausnahme der Opfer und Widerstandskämpfer – den Nationalsozialismus nicht als fremde Terrorherrschaft empfunden. Und noch 1945 überwog das Bekenntnis zur deutschen Nation. Als die Briten 1946 in Klagenfurt den Film *Die Todesmühlen* vorführten, der im wesentlichen Filmdokumente enthält, die bei der Befreiung der Konzentrationslager aufgenommen worden waren, wurde die Vorführung vom Publikum mit »Sieg Heil«- und »Heil Hitler«-Rufen quittiert.

Die Alliierten hatten somit allen Grund, den Staatsvertrag von den ersten Verhandlungen an auch von einer durchgeführten Entnazifizierung abhängig zu machen. Gegenüber der ersten Regierungserklärung bildete das Verbotsgesetz zwar eine gesetzliche Grundlage für ein Vorgehen gegen die Nationalsozialisten, die keiner direkten Verbrechen schuldig waren, jedoch war eine gründliche Durchführung der Entnazifizierung nie Ziel der beiden Großparteien gewesen. Sie wußten, daß nationalsozialistische Gesinnung über ehemalige Parteimitgliedschaft weit hinausging. Da hätte es eines ganz anderen politischen Neuanfangs bedurft. Doch die radikal antinazistischen Kräfte blieben in beiden Großparteien von Anfang an in der Minderheit. So stand allen Registrierten das Recht zu, um Streichung aus der Liste anzusuchen, was bald zu einer nicht bewältigbaren Flut von Ansuchen und in der Folge zu einer Gesetzesnovellierung führte, dergemäß eine Parteienkommission gruppenweise Streichungen nach bestimmten Kriterien durchführen konnte. Von diesem Gnadenrecht machten die Parteien umfangreichen Gebrauch.

Darin zeichnete sich bereits ein Wesensmerkmal der Zweiten Republik ab: Politische Rechte und persönliche Vorteile sind weniger Angelegenheit eines allgemeinen gesetzlichen Anspruchs und einer darauf basierenden unabhängigen Judikatur, sondern sie werden von den Parteien den ihnen Nahestehenden als Gnadenakte und Geschenke gewährt. Die österreichische Staatsmacht war von Anfang an als Parteienmacht konzipiert. Kaum ein Gesetz wurde beschlossen, das nicht den beiden Großparteien einen Spielraum für Ausnahmen und Gnadenakte offengelassen hätte.

Härte zeigte der neue Staat nur gegenüber schweren Kriegsverbrechern. Am 26. Juni 1945 wurde das Kriegsverbrechergesetz erlassen, das die Grundlage für die gerichtliche Aburteilung der NS-Verbrecher bot. Zu diesem Zweck wurden Volksgerichte geschaffen, die aus je zwei Berufsrichtern und drei Schöffen bestanden. Sie waren ausschließlich für Kriegsverbrechen zuständig und fällten bis 1955 13 600 Schuldsprüche, darunter 43 Todesurteile und 34 lebenslängliche Haftstrafen. Von den Todesurteilen wurden 30 vollstreckt. Aber mehr als die Hälfte der über 130 000 eingeleiteten Verfahren wurde eingestellt oder abgebrochen. Erst die aus den November-Wahlen 1945 hervorgegangene Konzentrationsregierung aller drei Parteien, unter denen die ÖVP eine absolute Mehrheit innehatte und den Bundeskanzler (Leopold Figl) stellte, war für ganz Österreich zuständig. (Der Einflußbereich der Provisorischen Regierung von Karl Renner war vor allem in der Sowjetischen Besatzungszone gelegen.) Ab 1946 war somit die Entnazifizierung der gesamten Republik Aufgabe der Bundesregierung. In der ersten Jahreshälfte wurde im öffentlichen Dienst eine »Mini-Säuberung« durchgeführt, die zur Entlassung von 703 höheren Beamten führte. Bundeskanzler Figl gab dem Alliierten Rat jedoch eine Zahl von 72 000 Entlassenen bekannt. Obwohl auch die westlichen Alliierten wußten, daß diese Zahl nicht der Realität entsprach, verweigerten sie der sowjetischen Kritik ihre Unterstützung: Die Frontstellung der Westmächte gegenüber der Sowjetunion war inzwischen so weit gediehen, daß ihnen die Rolle einer Schutzmacht für die neue österreichische Bundesregierung propagandistisch wertvoller war als der Vollzug der von allen Besatzungsmächten gemeinsam ratifizierten Maßnahmen.

Die Frage, was man nun eigentlich mit den vielen gewöhnlichen Nazis sonst noch tun solle, außer sie zu registrieren, wurde erst am 6. Februar 1947 durch das sogenannte Nationalsozialistengesetz beantwortet. Das Gesetz hatte so lange auf sich warten lassen, weil die viel milderen Gesetzesvorlagen der österreichischen Regierung, die sinngemäß an die Erklärung der Provisorischen Regierung anknüpften, auf den Widerstand der Alliierten gestoßen waren. Es handelte sich immerhin noch um 536 000 registrierte NSDAP-Mitglieder und damit, zählt man deren Ehepartner und wahlberechtigte Familienangehörige dazu, um ein vermutetes Wählerpotential von weit über einer Million Österreicher, also um gut ein Viertel der wahlberechtigten Bevölkerung. Unter ihnen wurden die »Illegalen« zunächst einer besonderen Beachtung für würdig befunden. Das waren jene etwa 100 000 Österreicher, die schon vor dem Anschluß 1938 aktive Mitglieder der NSDAP gewesen waren. Doch bald ließ man dieses Kriterium, das juristisch einen »Hochverrat« an der Republik Österreich beinhaltet hätte, fallen, wohl auch deshalb, weil Österreich 1938 keine Republik mehr war, sondern selbst schon eine Diktatur, und sich dadurch die Frage nach dem Hochverrat an der Republik noch einmal für 1934 gestellt hätte, ganz andere Personen betreffend, die inzwischen wieder munter mitmischten. Man unterschied nur noch zwischen »belasteten« und »minderbelasteten« Nationalsozialisten. Statt eine Umerziehung und demokratische Gegenagitation durchzuführen, wie es einst Politiker von SPÖ und KPÖ gefordert hatten, tat man den Beschlüssen des Alliierten Rates dadurch Genüge, daß man Sühnemaßnahmen festlegte, die von Geldstrafen bis zu Berufsverboten reichten. Von den, mit Stand vom 1. April

1948, 543 279 registrierten Österreichern galten jedoch nur noch etwa 42 000 als belastet, womit man zumindest eines los war, die Entnazifizierung als Massenphänomen.

Die österreichische Bundesregierung drängte schon 1946, also noch vor dem Entnazifizierungsgesetz, auf eine zeitliche Begrenzung der Maßnahmen, scheiterte jedoch am Einspruch der Alliierten. Dem weiteren Drängen zumindest auf Teilamnestien gab die sowjetische Besatzungsmacht 1948 nach, was eine vollkommene Amnestie aller »Minderbelasteten« zur Folge hatte. Die Alliierten konnten damals nicht ahnen, oder es war ihnen diese Frage im beginnenden Ost-West-Konflikt nicht wichtig genug, daß diese Massen*amnestie* bei den betroffenen Österreichern auch mit einer Massen*amnesie* verbunden sein würde.

Schon vorher begann ein wilder Entlastungsreigen, der die seltsamsten Blüten trieb. Diejenigen, die für andere Entlastungsschreiben verfaßten, kamen den Belasteten oft allein deshalb sehr gerne zu Hilfe, weil sie Grund zur Sorge hatten, selbst von den Bittstellern belastet zu werden. Denn nationalsozialistische Gesinnung und Taten waren nicht identisch mit Parteimitgliedschaft. Karl Mark, ein ehemaliger Nationalratsabgeordneter der SPÖ, wußte zu berichten, daß sich Leute ohne Parteibuch bei »Arisierungen« oft viel ärger verhalten haben als NSDAP-Mitglieder. Der Entlastungsreigen von Freundesdiensten und Persilscheinen nach 1945 läßt sich nur vergleichen mit dem Gedrängel von 1938, als die Wiener Parteileitung der NSDAP die Flut der Aufnahmeanträge nicht mehr bewältigen konnte. Damals ließen sich die Anwärter von befreundeten Illegalen bestätigen, daß sie schon vor 1938 für die Partei gearbeitet hätten, nur um zu einer niedrigen Mitgliedsnummer zu kommen. Die freilich wirkte sich nach 1945 negativ aus, weshalb man sich von denselben Freunden nun bestätigen ließ, eigentlich nie aus Gesinnung für die Partei gearbeitet zu haben, sondern der NSDAP nur aus beruflichen, ökonomischen und ähnlichen Gründen beigetreten zu sein.

Aber warum sollte das Volk sich anders verhalten, wenn die Politiker dasselbe taten? Julius Raab zum Beispiel. Er war von 1953 bis 1961 österreichischer Bundeskanzler. Doch seine Karriere begann weit früher. Als niederösterreichischer Heimwehrführer leistete er 1930 den »Korneuburger Eid«, in dem sich die Heimwehr auf einen autoritären Staat einschwor: »Wir verwerfen den westlichen demokratischen Parlamentarismus und den Parteienstaat!« Als der austrofaschistische Ständestaat schließlich den Sieg über die Demokratie davontrug, wurde Raab Wirtschaftskammerpräsident und brachte es schließlich im Anschlußjahr 1938 bis zum Handelsminister. Er verhalf dem illegalen Nazi Hermann Neubacher aus dem Gefängnis.

Nach dem Anschluß wurde eben dieser Neubacher der nationalsozialistische Bürgermeister von Wien. Er erwies sich als dankbar und schirmte Raab vor Übergriffen ab. Als das Blatt sich wendete, erwies sich wiederum Raab als dankbar. Im August 1945, mittlerweile als Obmann des ÖVP-Wirtschaftsbundes, konnte er sich zunächst nur mit deutlichen Worten revanchieren: »Wir wollen nicht immer in der Vergangenheit der anderen herumschnüffeln.« Als er dann endlich durfte, belohnte er den nationalsozialistischen Karrieristen Neubacher mit einer hohen Position in der Mineralölverwaltung.

Immer wieder wurde mit dem Begriff der »Unersetzbaren« argumentiert. Darunter verstand man Angehörige von vielerlei Berufsgruppen, zum Beispiel Lehrer, Schauspieler und vor allem leitende Vertreter der Wirtschaft; auch die Mitglieder der Wiener Philharmoniker, die zu 40 % der NSDAP angehört hatten, galten als unersetzbar. Die Idee, sie durch jüdische Musiker zu ersetzen, denen noch rechtzeitig die Flucht ins Exil gelungen war, kam niemandem.

Auch Kurt Waldheim besorgte sich 1945 ein Entlastungspapier. Es war eine schriftliche Erklärung des Bezirksleiters der SPÖ Tulln vom 29. August 1945. Dieses Papier wäre im Dunkel der damaligen Papierflut verschwunden, hätte es Waldheim nicht 1986 noch ein zweites Mal zu seiner Entlastung vorgelegt. Und da fiel auf, daß es, nach allem, was man inzwischen über Waldheim wußte, zuviel des Guten enthielt. In dem Dokument heißt es über Waldheim: »Er und seine Eltern waren als entschiedene Gegner des Nationalsozialismus bekannt und hatten wegen ihrer politischen Gesinnung nach dem Jahre 1938 üble Verfolgungen von nationalsozialistischer Seite zu ertragen. Waldheim war und ist ein charakterfester Österreicher...«

An den Hochschulen gab es 1945 größere Entlassungen von NS-Lehrkräften und Professoren, doch ein Jahr später waren die meisten von ihnen wieder in Amt und Würden. Geistige Mittäterschaft galt als das kleinere Übel. So kehrten in Österreich nach 1945 statt der Emigranten die kurzfristig irritierten Nazis an die Hochschulen zurück. Sie alle galten inzwischen als unersetzlich, während es die geistige Elite Österreichs in den USA zu zahlreichen Professuren brachte. Diejenigen, die sie zurückholen wollten, konnten sich nicht durchsetzen. An dieser versäumten geistigen Umorientierung kranken die österreichischen Hochschulen bis heute. Im Fall des Wiener Literaturwissenschaftlers Josef Nadler kam es zu einer größeren öffentlichen Debatte, zu deren Entfachung vor allem 75 Persönlichkeiten des geistigen Lebens beitrugen, die sich gegen Nadlers Wiedereinstellung verwahrten. Sie zogen den kürzeren; Nadler wurde zwar aus Altersgründen nicht wieder eingestellt, aber vollkommen rehabilitiert.

Die Wiener Universität war im Ständestaat und noch nach dem Anschluß die Hauptindoktrinationsstätte der NSDAP. Die Studenten wurden dort für die SA und SS rekrutiert. Unter den Professoren tat sich einer besonders hervor: Heinz Kindermann, der Ordinarius für Theaterwissenschaft. Er verfaßte auch antisemitische Hetzschriften. Auch er wurde nach 1945, nicht ohne Unterstützung durch die SPÖ, an der Universität wieder zugelassen. Die Studenten teilten die Gesinnung der Professoren. Noch in den sechziger Jahren entschied sich bei den Hochschulwahlen ein Drittel der Studenten für deutschnationale Gruppierungen.

Das Nationalsozialistengesetz fand in der österreichischen Bevölkerung keine Mehrheit. Eine amerikanische Meinungsumfrage ergab, daß in den Jahren 1946–1948 jeweils zwischen 30 und 40 Prozent der Österreicher den Nationalsozialismus für eine gute Idee hielten, die nur schlecht durchgeführt worden sei. Die Entnazifizierung als formaler Akt von Registrierung und Sühnemaßnahmen brachte in Einzelfällen selbstverständlich Ungerechtigkeiten mit sich und war insgesamt von der Idee her schon ungeeignet, einen echten Gesinnungswandel zu bewirken. Sie war ein weiterer Grund für politischen Opportunismus, einer Haltung also, die die Österreicher im vorhergegangenen Jahrzehnt gründlich erlernt hatten. Anstatt mit dieser Anpassungsmentalität endgültig Schluß zu machen, wurde sie ein tragender Pfeiler des neuen Staates.

Im Bereich der Literatur wurden die gesetzlich vorgesehenen Maßnahmen überhaupt nicht wirksam. Zum Beispiel wurde das ins Kriegsverbrechergesetz aufgenommene Delikt der Kriegshetzerei nie auf Literatur angewendet. Die personelle Kontinuität der Kulturbürokratie von den dreißiger zu den fünfziger Jahren brachte eine inhaltliche Kontinuität der geförderten Literatur mit sich. Unter den österreichischen Autoren, die als Fahnenträger am Triumphzug eines Buches der zwanziger Jahre, nämlich von Hitlers *Mein Kampf*, teilnahmen, die den sogenannten Anschluß kaum erwarten konnten und ihn im »Bekenntnisbuch« österreichischer Schriftsteller euphorisch begrüßt haben – »Gewaltiger Mann, wie können wir Dir danken?« schrieb Max Mell –, gab es einige, die im Österreich der fünfziger Jahre Literaturpreise bekamen und bis in die siebziger Jahre die Schullesebücher beherrschten. Die Kontinuität des Publikumsgeschmacks trug das Ihre dazu bei. Es gab Autoren, deren Karriere drei politische Systeme bruchlos überstand. Etwa der österreichische Publikumsliebling Karl Heinrich Waggerl. Er wurde vom Schuschnigg-Regime mit dem großen Staatspreis und dem Ehrenzeichen für Kunst und Wissenschaft ausgezeichnet, kurz darauf verfaßte er für ein Ehrenhonorar NS-Propagandasprüche zur Volksabstimmung vom April 1938 und brachte es in der Folge immerhin bis zum Salzburger Landesobmann der Reichsschrifttumskammer. Nach 1945 mimte er den Unbestechlichen, und es gab außer ein paar »neidischen« Emigranten tatsächlich niemanden, der sich für seine Vergangenheit interessiert hätte.

Die wichtigste Tat zur Eindämmung nazistischer Literatur war eine im August 1945 vom Staatsamt für Unterricht (Leiter: Ernst Fischer) herausgegebene »Liste der gesperrten Autoren und Bücher«, deren Verleih und Verkauf verboten war. Im Jänner 1946 wurde vom Bundesministerium für Unterricht eine neue Liste herausgegeben. Sie enthielt Bücher von ca. 1600 Autoren. Das Vorwort enthielt die Anleitung, »von jeder Vernichtung der Bücher abzusehen. Die Bücher sind gut zu verwahren...« Dennoch wurden vielfach Bücher vernichtet, meist eingestampft. Die Gültigkeit der Liste wurde im Oktober 1946 auf unbestimmte Zeit verlängert, verlor aber sehr schnell auf eine österreichische Weise ihre Bedeutung: Das Verbot wurde verschlampt und nicht kontrolliert. Die Liste hatte keine Gesetzeskraft. Sie war eine Ministerialweisung, die nie offiziell für ungültig erklärt wurde.

Das im Herbst 1945 in Angriff genommene Literaturreinigungsgesetz, das nun auch gesetzlich festlegen sollte, welche Literatur unzulässig ist, scheiterte an der Österreichischen Bundesregierung, aber auch an der Uneinigkeit der Alliierten. Deshalb versuchte der

»Verband demokratischer Schriftsteller und Journalisten Österreichs« auf eigene Faust aktiv zu werden, stieß jedoch schon bei der Materialbeschaffung auf erhebliche Schwierigkeiten. Als der Verband endlich erreichen konnte, daß Polizeiberichte über bestimmte nationalsozialistische Autoren, die inzwischen weiterpublizierten, an das Unterrichtsministerium geschickt wurden, war der dortigen Kommission durch die Minderbelastetenamnestie das Betätigungsfeld schon entzogen. Eine Resolution des »Verbands demokratischer Schriftsteller und Journalisten Österreichs« vom 11. Dezember 1949 »gegen die Selbstverständlichkeit, mit der nationalsozialistisches Gedankengut durch Bücher und Presse öffentlich heute wieder verbreitet wird«, und »gegen die Gleichgültigkeit, mit der die verantwortlichen Stellen diese Tatsache zur Kenntnis nehmen«, blieb ohne öffentliches Echo.

Der Begriff »Entnazifizierung« bekam in Österreich bald einen neuen Sinn. Er bedeutete nun: Reinigung der Nationalsozialisten von jedem Schuldvorwurf. In diesem Sinne verwendete auch Waldheim den Begriff: Man kann mir nichts vorwerfen, ich wurde 1945 entnazifiziert. In jeder Phase war die Entnazifizierung in Österreich eine Angelegenheit formaler Maßnahmen, und es kam nie zu jener inhaltlichen Ernsthaftigkeit, die für eine demokratische Neuorientierung notwendig gewesen wäre. Die formaljuridische Festlegung von Österreich als »Opfer«, auch um Forderungen nach materieller Wiedergutmachung entgegentreten zu können, haben die Österreicher gerne akzeptiert.

Die ökonomischen und sozialen Wurzeln des Faschismus standen in Österreich nach 1945 nicht zur Debatte. Man sagte lakonisch, auslösend war die Wirtschaftskrise, und ging daran, jenes ökonomische System, das solche Krisen hervorbringt, neu zu installieren. Dabei galten die NS-Wirtschaftsbosse als »unersetzbar« für den Wiederaufbau. Die Entnazifizierung des österreichischen Wirtschaftslebens war ein Hohn für alle, die in diesen Betrieben Sklavenarbeit geleistet hatten. Jeder halbherzige Versuch, einen Nazi-Finanzier abzusetzen, führte zu einem Orkan an Interventionen. Was letztlich herauskam, war, daß einige Klein- und Mittelbetriebe kurzfristig in die Hände von Familienangehörigen oder Verwandten übergingen, um den Besitzer schadlos halten zu können. Die Direktoren der österreichischen Großbetriebe, darunter jene, die für die

Vernichtungsindustrie des Nationalsozialismus gearbeitet hatten, wie die Hermann-Göring-Werke, Steyr-Daimler-Puch, Siemens, die Flugmotorenwerke usw., in denen KZ-Häftlinge und Zwangsarbeiter eingesetzt waren, sie konnten in der Regel ihre Posten behalten und die Ahnungslosen mimen. Nicht nur, daß ihnen nicht der Prozeß gemacht wurde, sie waren sogar die meistumworbenen Menschen der Nachkriegszeit. Die SPÖ rekrutierte ihre Wirtschaftsmanager im Bereich der verstaatlichten Industrie aus den Reihen dieser Nazi-Manager.

1949 waren die ehemaligen Nationalsozialisten wieder zur Nationalratswahl zugelassen; beide Großparteien rissen sich um diese nun verfügbaren Stimmen, die jedoch nur zu bekommen waren, wenn man den Umworbenen den Zugang zum gesellschaftlichen und politischen Leben öffnete. 1950 waren auch die Belasteten schon weitgehend amnestiert.

Nach dem Staatsvertrag von 1955, als die große Koalition endlich konnte, wie sie wollte, wurde der Nationalsozialismus regelrecht verharmlost. Dies ist um so bemerkenswerter, als im Artikel 9 des Staatsvertrags unser Land sich verpflichtet hat, »aus dem österreichischen politischen, wirtschaftlichen und kulturellen Leben alle Spuren des Nazismus zu entfernen«, was augenscheinlich als Verwischung der Spuren nationalsozialistischer Terrorherrschaft interpretiert wurde. Das Thema Entnazifizierung rückte in eine Tabuzone. Die Parteien biederten sich an eine Gesinnung an, die zu ändern sie im Grunde kaum ernsthafte Schritte unternommen hatten. Die sogenannten Ehemaligen waren nicht nur moralisch und materiell vollkommen rehabilitiert, sie galten nunmehr sogar als Opfer der Entnazifizierung.

Kurz nach Abschluß des Staatsvertrags begann der Nationalrat ein Gesetz zu erarbeiten, das eine Amnestie für den Großteil der von den Volksgerichten verurteilten NS-Verbrecher brachte, denen auch noch die Bezüge nachbezahlt und deren Haftzeit als Dienstzeit angerechnet wurde. Die Opfer des Faschismus mußten bis 1961 warten, bis ihnen eine berufliche Schädigung im Sinne der Wiedergutmachung anerkannt wurde.

Das Nationalsozialistengesetz von 1947 wurde nun als »Alliierten-Zwangsgesetz« bezeichnet, man sprach von »Rachejustiz« und

»Kollektivschuldthese«. Man tat so, als sei der Nationalsozialismus eine Erfindung der Besatzungsmächte, vor allem der Sowjetunion gewesen. Wer kann sich da noch wundern, daß 1972 in Wien ein Geschworenengerichtsprozeß gegen die Erbauer der Krematorien und Gaskammern von Auschwitz mit Freisprüchen endete. Andere Verfahren gegen Kriegsverbrecher wurden überhaupt gleich auf Antrag der Staatsanwaltschaft eingestellt.

Im Verwaltungsapparat gab es selbst in den Jahren der Entnazifizierung eine Personalkontinuität von 60 %, eine Größenordnung, die nach der Minderbelastetenamnestie von 1948 sprunghaft anstieg. Da auch die neue Bürokratie für politische Gesinnung keinen Spielraum ließ, hielten die Beamten in alter Tradition Gesinnung im Amt für Parteiensache und außerhalb des Amts für Privatsache und boten sich im übrigen den neuen Machthabern als »neutrale Verwaltungs-Mechaniker« (Wolfgang Kos) an. Einer dieser neutralen Mechaniker war Kurt Waldheim, der später auch für seine Zeit als UNO-Generalsekretär jeden Vorwurf der Gesinnungspolitik, das hieße der Präferenz, zurückwies.

Die österreichischen Beamten hatten innerhalb von 27 Jahren fünf verschiedene Treuegelöbnisse zu leisten. Und die Beamten gelobten nicht nur Treue, gemessen an anderen Bevölkerungsgruppen konnten sie mit einer überdimensional hohen Anzahl von Parteibüchern ihrer jeweils neuesten Dienstherren aufwarten. Die Säuberungen hielten sich immer in Grenzen, betrafen meist leitende Beamte und selbst nach dem Anschluß »nur« knapp tausend Personen, die Hälfte von ihnen Juden. Man kann der österreichischen Bürokratie ein hohes Maß an flexibler Loyalität bescheinigen.

Ein echtes Beamtenproblem gab es lediglich 1945, als man im Zuge der Registrierung der Diener des NS-Regimes feststellen mußte, daß unter den Registrierten über hunderttausend Beamte waren. Im Gefolge der ständig geänderten Entnazifizierungsmaßnahmen kam es zu einem wahren Chaos an Entlassungen, Herab- und Hinaufstufungen, »Entsühnungen« und Wiedereinstellungen, begleitet von allseitigen Interventionen. Nicht der Staat, sondern die Parteien begannen *ihre* Beamten zu rekrutieren. Eine rechtzeitige, gar übereilige Anpassung an diese Situation konnte der Karriere der Registrierten nur dienlich sein.

Vor allem unter dem Druck der sowjetischen Besatzungsmacht, die auf die Säuberung des Beamtenapparats großen Wert legte, kam es dann doch zu massenhaften Entlassungen, vor allem in den östlichen Bundesländern, die in der sowjetischen Besatzungszone lagen, was die fatale Folge hatte, daß als geschulte und damit für die vakanten höheren Positionen geeignete Beamte vor allem die ehemaligen Diener des Austrofaschismus übrigblieben, die nun zu einer zweiten, diesmal noch viel glänzenderen Karriere starteten. Bitter war das vor allem für Sozialdemokraten und Kommunisten, die nun denselben Beamten gegenüberstanden, die 1934 bei der gewaltsamen Zerschlagung der österreichischen Arbeiterbewegung ihre Beamtenpflicht getan hatten.

Gleichzeitig begann ein trauriges Kapitel in der Geschichte der SPÖ. Die Partei grenzte nicht nur ihre aus Widerstand und Exil zurückgekehrte Linke aus, sondern sie sicherte sich durch eine machtpolitische Kumpanei mit der ÖVP ihren Anteil am Proporzsystem. Die SPÖ konnte aber auf Grund ihrer früheren Ausschaltung nicht mit genügend Führungskräften und Experten aufwarten; nur etwa 5 % der österreichischen Beamten konnte sie zu ihren Verbündeten rechnen. Um das Vakuum aufzufüllen, warb sie um qualifizierte Personen aus anderen Lagern, nicht zuletzt aus den Reihen der Nationalsozialisten. Um es pointiert zu formulieren: Wurde die österreichische Arbeiterschaft in der Ersten Republik als Gesinnungsgemeinschaft geschult und für den kommenden Kampf bewaffnet, um dann, als es soweit war, von ihren Führern im Stich gelassen zu werden, so mußte sie nach 1945 zusehen, wie ihre Führer den Nationalsozialisten die Wege ebneten. Sozialdemokratie hieß von nun an machtpolitischer Pragmatismus, Sozialismus war nur mehr eine Angelegenheit nostalgischer Traditionen von lokalen Organisationen, von Widerstands- und Intellektuellengruppen, die man gewähren ließ, ohne ihnen Einfluß einzuräumen. Die Sozialdemokratie hat ihren Einstieg in die bürgerliche Gesellschaft der Zweiten Republik und ihren Aufstieg zur Regierungsmacht durch die Preisgabe ihrer politischen Ideologie und kulturellen Identität erkauft.

Die erste Regierung von Bruno Kreisky hatte gleich fünf ehemalige Nazis in ihrer Kabinettsrunde: den SS-Mann Karl Öllinger, die NSDAP-Mitglieder Otto Rösch, Oskar Weihs, Erwin Frühbauer und Josef Moser. Otto Rösch war eine Zeitlang Verteidigungsminister.

So hatte, lange vor der Waldheim-Wahl, die SPÖ vorexerziert, wie man den Artikel 12 des Staatsvertrags (»Verbot der Dienstleistungen in den österreichischen Streitkräften für ehemalige Mitglieder nazistischer Organisationen«) verhöhnen kann.

Der braune, unterirdische Fluß

Vor der Anne-Frank-Ausstellung in Wien verteilt ein Nazi-Bub Flugzettel über die »Auschwitz-Lüge«. Ein Polizist kommt, kontrolliert die Flugzettel. Er nimmt sie ihm nicht weg, sondern schickt ihn nur um die Ecke. Hier vor dem Eingang sei das zu provokant. Wir schreiben das Jahr 1986.

Ein Jahr zuvor bereitete der Verteidigungsminister Friedhelm Frischenschlager dem von Italien freigelassenen Kriegsverbrecher Walter Reder einen Staatsempfang. Damals schon gab es internationale Kritik an Österreich, aber die Regierungskoalition von SPÖ und FPÖ behielt den Verteidigungsminister im Amt. 57% aller Österreicher sprachen sich gegen jede weitere Diskussion von Kriegsverbrechen aus.

Als schon zu Beginn der Entnazifizierung klar wurde, daß deren gründliche Durchführung nur gegen erheblichen Widerstand zu bewerkstelligen war, gespeist vor allem aus nationalsozialistischen Ressentiments gegen die neue Republik, was der politischen Sprachregelung von Österreich als einem Opfer des Nationalsozialismus nicht gerade entgegengekommen wäre, verzichtete man auf inhaltliche Auseinandersetzung. Man ließ eine Teilung Österreichs in zwei Welten zu: in die Welt des offiziellen politischen Selbstverständnisses, in der die alte republikanische Verfassung wieder eingesetzt und mit den Alliierten über den Staatsvertrag verhandelt wurde, und in die Welt der privaten Gefühlsbindungen und politischen Meinungen. Daß diese beiden Welten sich nicht säuberlich getrennt halten ließen, war bald offensichtlich: Viele politische Funktionäre und meinungsbildende Personen (Lehrer, Journalisten, Ärzte, Juristen usw.) bewohnten privat auch die andere Welt. Die Hoffnung trog, daß eine neue politische Dynamik das emotionale Beharrungsvermögen der im Sinn des Nationalsozialismus erzogenen oder als Mitläufer von ihm geprägten Personen auflösen könnte. Die emotionale Statik eines niemals von Grund auf in Frage gestellten Weltbildes brachte die politische Dynamik bald zum Erliegen. Der Verzicht auf politische Gegenagitation bedeutete, daß man die politische Gefühlsstruktur kampflos der jüngstvergangenen Agitation, nämlich der nationalsozialistischen, überließ. Die innere Teilung Österreichs, die es unter anderem auch ermöglichte, daß Friedrich Peter, ein ehemaliges Mitglied jener SS-Truppen, die in den ersten Monaten des Rußlandfeldzuges eine halbe Million wehrloser Menschen ermordeten, jahrzehntelang Spitzenpolitiker sein konnte, ist bis heute in diesem Land nicht überwunden. Der Waldheim-Wahlkampf gibt dafür ein beredtes Beispiel.

Diese schizophrene Politstruktur Österreichs ist auch der Grund dafür, daß die wenigen klugen Politiker, die Österreich in der Nachkriegszeit erleben durfte, dem Wahlvolk nie so recht getraut haben. Bruno Kreisky pflegte die Forderung nach mehr Basisdemokratie mit dem Argument zu beantworten, daß die Zeit noch nicht reif sei dafür, weil man hierzulande nicht einmal sicher sein könne, wie eine Volksabstimmung über die Todesstrafe ausgehen würde.

Deutschnational war die vorherrschende Gesinnung der Ersten Republik. Der sozialdemokratische Parteivorstand entschied sich erst nach Hitlers Machtergreifung in Deutschland gegen das Anschluß-Denken in den eigenen Reihen. Aber durch einen solchen Beschluß war es in Wirklichkeit noch nicht abgeschafft. Karl Renner hatte als Staatskanzler der Ersten Republik (1918–1920) seine Regierungstätigkeit mit einer Anschlußerklärung an die Deutsche Republik begonnen. Die Distanzierung vom Anschlußgedanken, 1933, scheint ihn nicht sonderlich beeindruckt zu haben.

Renner, immer zur Stelle, wenn Not am Mann war, wurde auch nach dem Einmarsch der Deutschen in Österreich sofort aktiv. Er pilgerte zu Hermann Neubacher, dem nationalsozialistischen Bürgermeister von Wien, und bot ihm an, auf einem Plakat mit seinem Konterfei für ein Anschluß-Ja bei der Volksabstimmung zu werben. Rudolf Heß sprach sich damals dagegen aus. Er wollte den zu erwartenden Triumph nicht einem Sozialdemokraten mitverdanken. Doch Renner ließ sich dadurch nicht entmutigen. Im *Neuen Wiener Tag-*

blatt gab er am 3. April 1938 bekannt: »Ich habe als Präsident der Friedensdelegation zu St. Germain durch viele Monate um den Anschluß gerungen (...) Ich müßte meine ganze Vergangenheit als Vorkämpfer des Selbstbestimmungsrechtes der Nationen wie als deutsch-österreichischer Staatsmann verleugnen, wenn ich die große geschichtliche Tat des Wiederzusammenschlusses der Deutschen Nation nicht mit freudigem Herzen begrüßte.«

Als Deutschland ein halbes Jahr später das Sudetenland annektierte, stellte sich Renner mit einer Art Festschrift ein. Der alte Kämpfer für ein Mitteleuropa unter deutscher Vorherrschaft verfaßte die Broschüre *Deutschösterreich, der Anschluß und die Sudetendeutschen*, in der er die deutsche Reichsführung für ihre »beispiellose Beharrlichkeit und Tatkraft« lobte. Doch auch diesmal wußten die Nazis, zu seinem Glück, mit der ungebetenen Hilfe nichts Rechtes anzufangen. Immerhin konnte er unbehelligt in Gloggnitz das Ende des Dritten Reiches abwarten. Dann war wieder Not am Mann, und auch Renner war wieder zur Stelle. Er wurde mit der Leitung der Provisorischen Regierung betraut und am 20. Dezember 1945 durch die Bundesversammlung einstimmig zum ersten Bundespräsidenten der Zweiten Republik gewählt. Auch Vertreter der katholischen Kirche, die schon in der Ersten Republik, vollends aber im klerikalfaschistischen Ständestaat (1934–1938) an der Staatsmacht beteiligt war, begrüßten ausdrücklich den Einmarsch der Nationalsozialisten in Österreich, wobei ihnen die Ermordung von Dollfuß, die Nürnberger Rassengesetze und die Morde des 30. Juni 1934 kein Hindernis waren. Am 18. März 1938, eine Woche nach dem Einmarsch der Deutschen, erklärten die österreichischen Bischöfe: »Wir erkennen freudig an, daß die nationalsozialistische Bewegung auf dem Gebiet des völkischen und wirtschaftlichen Aufbaues sowie der Sozial-Politik für das Deutsche Reich und Volk und namentlich für die ärmsten Schichten des Volkes Hervorragendes geleistet hat und leistet. Wir sind auch der Überzeugung, daß durch das Wirken der nationalsozialistischen Bewegung die Gefahr des alles zerstörenden gottlosen Bolschewismus abgewehrt wurde. Die Bischöfe begleiten dieses Wirken für die Zukunft mit ihren besten Segenswünschen und werden auch die Gläubigen in diesem Sinne ermahnen. Am Tage der Volksabstimmung ist es für uns Bischöfe selbstverständliche nationale Pflicht, uns als Deutsche zum Deutschen Reich zu bekennen, und wir erwarten auch von allen gläubigen Christen, daß sie wissen, was sie ihrem Volke schuldig sind.«

Eine ähnliche Erklärung, wenngleich in Vertretung nur einer kleinen Bevölkerungsgruppe, gab auch der evangelische Oberkirchenrat ab: »Für den 10. April ist das deutsche Volk Österreichs aufgerufen, in einer ehrlichen und freien Abstimmung zu bekunden, daß die Rückkehr ins Reich und damit die politische Neugestaltung unserer Heimat dem tiefsten Verlangen und dem Wunsche des Volkes entspricht. In diesem Herzenswunsch hat sich unsere evangelische Kirche in Österreich stets ohne Rücksicht auf Gunst oder Mißgunst früherer Machthaber einig gewußt. Die evangelische Kirche in Österreich hat schon am 12. März und seither wiederholt ihrer ungeheuerlichen Freude über die geschichtliche Wende Ausdruck gegeben. Wir stehen vorbehaltlos zum Werke des Führers und danken Gott dafür, daß er dem deutschen Volk in schwerster Stunde Rettung brachte.«

Zwei Repräsentanten großer Bevölkerungsgruppen – Karl Renner für die Sozialdemokratie, Kardinal Theodor Innitzer für die katholische Kirche – haben für den Anschluß Stimmung gemacht. Beide haben es nach der Befreiung nicht für nötig befunden, zu ihrer früheren Gesinnung Stellung zu nehmen.

Österreich hat 1955 mit dem Staatsvertrag von den vier Signatarstaaten einen antifaschistischen Auftrag übernommen, den es nie eingelöst hat. Die Mentalität der Zweiten Republik ist gekennzeichnet durch ein weitgehendes Fehlen von Trauer und Scham über das eigene Tun. Statt dessen ging man mit der Opferrolle hausieren. Jahrzehnte hat es gedauert, bis die österreichische Zeitgeschichtsschreibung es gewagt hat, dieses Tabu zu brechen. Bis Germanisten es gewagt haben zu fragen, ob es unter den österreichischen Autoren auch Nationalsozialisten gab. Bis Journalisten sich trauten, über die Vergangenheit bestimmter Politiker zu schreiben. Sie alle, die meist auf Grund ihres zu geringen Alters auf die Nachkriegslüge nicht eingeschworen waren, bekamen es mit einer alten Reversionslogik zu tun, die nicht das Verbrechen, sondern denjenigen, der es anprangert, für schuldig erklärt. Sie waren die eigentlichen Täter, die Feinde der Republik – jedenfalls nach Ansicht derer, die es sich behaglich in der Opferrolle eingerichtet hatten.

Die Frage, ob die Zweite Republik tatsächlich von einem antifaschistischen Grundkonsens getragen war, findet eine Antwort in ihrer Praxis der Wiedergutmachung für die Opfer des Nationalsozialismus und die Widerstandskämpfer. 2700 Widerstandskämpfer wurden zum Tode verurteilt und hingerichtet. Ihnen allein ist es zu verdanken, daß die österreichischen Politiker bei den Staatsvertragsverhandlungen auf einen Beitrag Österreichs zur eigenen Befreiung verweisen konnten, wodurch die bei der Moskauer Konferenz (1943) festgelegte Bedingung für die Wiedererlangung der Souveränität erfüllt war. Ermordet wurden freilich viel mehr Österreicher: 81 952 in den Konzentrationslagern (darunter 65 459 Juden), weitere 60 000 Österreicherinnen und Österreicher wurden auf der Flucht von den Nazis eingeholt und ermordet, 16 017 wurden in Gefängnissen umgebracht, vor allem in Gestapohaft. Im Krieg ließen 380 000 österreichische Soldaten ihr Leben. Und 30 000 Zivilisten starben durch Bomben und das sonstige Kriegsgeschehen.

Das österreichische Entschädigungsgesetz schließt aber manche Gruppen einfach aus. Wenn einer umgebracht wurde, weil er aus politischen Motiven gegen den NS-Staat agitierte, haben seine Angehörigen Anspruch auf Entschädigung. Wenn er aber ermordet wurde, weil er Staat oder Partei verächtlich machte, ohne daß dafür nachweislich politische Motive ausschlaggebend waren, besteht kein Anspruch. Die Beweislast liegt bei den Angehörigen. Fahnenflucht wurde nur in den seltensten Fällen als Widerstandshandlung bewertet. Offenbar galt in der Zweiten Republik von Anfang an, daß man in der Deutschen Wehrmacht seine Pflicht zu tun hatte.

Die Inhaftierung der Zigeuner in Lackenbach und Salzburg-Maxglan wurde als »Freiheitsbeschränkung« und nicht als Haft gewertet. Das hatte zur Folge (oder war es gar der Grund für die Nichtanerkennung?), daß die Republik ein paar Millionen spart. Während die Inhaftierten in anderen Konzentrationslagern ab 1947 mit 860,– Schilling pro Haftmonat entschädigt wurden, mußten die inhaftierten Zigeuner bis 1961 warten, daß ihnen nicht einmal die Hälfte (nämlich 350,– Schilling) für jeden Monat, den sie überlebt haben, zugesprochen wurde. Einzig diejenigen, die nach dem »Auschwitz-Erlaß« vom 16. Dezember 1942 in Vernichtungslager überstellt wurden, hätten Anspruch auf die ganze Entschädigung gehabt. Sie wurden fast alle ermordet. Im Konzentrationslager Mauthausen gab es für die Zigeuner keine eigene Häftlingskategorie, sondern sie wurden in die Gruppe der »Asozialen« (offizielles Kürzel: »AZR-DR«) eingereiht. Die wenigen unter ihnen, die Mauthausen überlebten, hatten nur dann einen Anspruch auf Entschädigung, wenn sie den Behörden der Zweiten Republik beweisen konnten, daß ihre Einweisung aus rassischen Gründen und nicht etwa wegen Arbeitsscheu oder asozialer Umtriebe erfolgte.

Erst 1988 wurden die Sinti und Roma anderen KZ-Häftlingen gleichgestellt. Ihre systematische Verfolgung durch das NS-Regime wurde bis dahin einfach ignoriert.

Menschen, die der nationalsozialistischen Euthanasie zum Opfer fielen (psychisch Behinderte, körperlich Behinderte, unheilbar Kranke), galten bis zum Juni 1993 als nicht durch spezifisch nationalsozialistische Maßnahmen Umgekommene, weshalb für ihre Nachkommen kein Anspruch auf Entschädigung bestand. Bis heute gibt es keinen Entschädigungsanspruch für Zwangssterilisierte oder Homosexuelle, die in KZ-Haft waren.

Die Kriegsopferfürsorge funktionierte viel besser und prompter. Angehörige von Wehrmachtsopfern wurden von der Erbschaftssteuer befreit, Angehörigen von KZ-Opfern hingegen wurde nur ein Freibetrag von 30 000 Schilling gewährt. SS-Männern wurde ihre Dienstzeit voll für den Pensionsanspruch gewertet; denjenigen aber, die durch Erfüllung solcher Dienstpflichten vertrieben worden waren, wurde die Emigrationszeit erst 1967 für den Pensionsanspruch anerkannt. Viele Emigranten waren da bereits verstorben.

Von Anfang an gab es in der Zweiten Republik eine Verhöhnung der Emigranten. Leopold Figl, kaum Bundeskanzler geworden, erklärte in Salzburg, einem Bundesland mit besonders starker nationalsozialistischer Gesinnung, es sei für die Emigranten sicherlich bequemer gewesen, in ihren Klubsesseln zu sitzen, als für Österreich zu leiden. Das einzige, was diesen Ausspruch zwar nicht entschuldigen, aber mildern kann, ist die Tatsache, daß Figl selbst im Konzentrationslager war.

Als die Entnazifizierten ab 1948 in den Staatsapparat zurückdrängten, nahmen sie häufig die Stellen von Widerstandskämpfern und politisch Verfolgten ein, denen man diese Posten offenbar nur aus Personalmangel überlassen hatte. Ehemalige KZ-Häftlinge, die nach ihrer Rückkehr notdürftig mit beschlagnahmtem Nazi-Eigentum ausgestattet worden waren, mußten dieses bald darauf wieder zurückgeben. Vielfach wurden sie aus Wohnungen, die ihnen eben erst zugewiesen worden waren, wieder hinausgeworfen, weil der nationalsozialistische Vorbesitzer inzwischen als rehabilitiert galt.

Überall in diesem Land herrscht eine Leidenschaft für Feste und Feiern, deren Äußerungsform den nationalsozialistischen Ursprung oft nicht einmal dem Schein nach abgestreift hat. Und genauso wie damals sind diese Feste angetan, die Realität auszublenden, wenn auch heute – Dank den Befreiern – eine vergleichsweise harmlose. Weniger harmlos ist freilich, daß es sich dabei auch um eine gut eingeübte Abschottung der eigenen Geschichte handelt. Regelmäßig beginnen gemütliche Feiermenschen zu singen »Lustig ist das Zigeunerleben«, sie haken die Arme ineinander und lassen die Oberkörper pendeln, als wäre es ein Freudentanz darüber, daß wir die Ausrottung der hiesigen Teile dieses Volkes so wunderbar verkraftet haben. Zu allem Überfluß wird in Österreich auch eine offenbar im Dritten Reich entstandene Zusatzstrophe gesungen, die das Lied in seinem Sinn einerseits ad absurdum führt, andererseits bis hart an den Rand der Realität. Die Strophe gipfelt in den Worten: »Einen Zigeuner mag ich nicht.« Diese Gesinnung war in Österreich Nationalpolitik.

Die wenigen übriggebliebenen Zigeuner (Sinti, Roma und Lowara machen zusammen etwa 10 000 Personen aus) wurden erst 1993 als Volksgruppe rechtlich anerkannt. Im südburgenländischen Oberwart ist ihnen ein »Ghetto« außerhalb des Ortes neben dem Müllablageplatz zugewiesen. Wer als Adresse »Steyr, Steinfeldstraße« angibt, stößt in Wirtshäusern auf bierseliges Bedauern darüber, daß er nicht vergast worden ist. In Wien lebende Zigeuner haben sich in den vergangenen Jahrzehnten nach Möglichkeit einen jugoslawischen Paß besorgt, weil das die Arbeitssuche erleichterte: Lieber ein Tschusch als ein Zigeina. Eine Frau, die das Zigeunerlager von Auschwitz überlebt hat, wagte nicht, im österreichischen Fernsehen aufzutreten, damit ihre Arbeitskollegen nichts von ihrer Abkunft erfahren. Viele sind Marktfahrer, sie verkaufen Textilien. Doch mit ihren Wohnwagen werden sie von den meisten österreichischen Campingplätzen ausgesperrt: »Gesindl kummt bei mir nit eini!«

Erst 1984 fand sich die burgenländische Landesregierung bereit, am Ort des speziell für Zigeuner eingerichteten Konzentrationslagers in Lackenbach ein Denkmal zu setzen. Den Ehrenschutz übernahm Landeshauptmann Theodor Kery (SPÖ). Zwei Jahre später fand im burgenländischen Ort Rechnitz ein Treffen ehemaliger Wehrmachtssoldaten und Kameraden der Waffen-SS statt. Hauptredner war der ehemalige burgenländische Gauleiter Tobias Portschy, der schon vor 1938 als Illegaler die Endlösung der Zigeunerfrage propagiert hatte: »Willst du, Deutscher, Totengräber des nordischen Blutes im Burgenland werden, so übersehe nur die Gefahr, die ihm die Zigeuner sind.« Den Ehrenschutz für dieses Treffen hatte wieder Landeshauptmann Theodor Kery übernommen.

Im Jahre 1990 wurde Tobias Portschy vom österreichischen Filmemacher Egon Humer für die Dokumentation *Schuld und Gedächtnis. Fragen an österreichische Nationalsozialisten* interviewt. Unter anderem sagte er: »Ich habe die Zigeuner den Juden gleichgestellt. Diese Analogie war ja mein Vorschlag. (...) Die Zigeuner gehören weg, weil sie asozial sind und nicht weil sie Zigeuner sind. (...) Sie wurden nicht deswegen sterilisiert, weil sie Zigeuner waren, das bestreite ich heftig, sondern weil sie asoziale Wesen waren. Schmarotzer. Und Schmarotzer werden in der Natur immer bekämpft. Auch wenn's Menschen sind. Die Zigeuner sind keine Menschen. Schmarotzer sind Schmarotzer.«

Dies alles bildet den Hintergrund zu dem, was am 4. Februar 1995 geschah. Die Roma-Minderheit wurde wieder einmal mit anonymen Drohanrufen belästigt. Da sie sich von der örtlichen Gendarmerie nicht ausreichend geschützt fühlte, fanden sich einige Männer zusammen, die gelegentlich durchs Viertel gingen. In der Nacht vom 4. zum 5. Februar waren Josef Simon, Peter Sarközi sowie Karl und Erwin Horvath an der Reihe. Gegen 23 Uhr 45 sahen sie auf einer schmalen Zufahrtsstraße ein Schild stehen. Es trug die Aufschrift: »Roma zurück nach Indien.« Sie wollten das Schild entfernen, doch da explodierte eine Rohrbombe. Alle vier Roma wurden getötet.

Und was machte die Polizei? Etwa eine Großfahndung? Um acht Uhr morgens trafen die ersten Gendarmen am Tatort ein. Am späten Nachmittag durchwühlten 80 Sicherheitsbeamte die Häuser der Roma von Oberwart. Danach erst wurde mit der Fahndung begonnen. Die Täter waren längst über alle Berge.

Die Gemütlichkeit läßt sich dadurch nicht irritieren, sondern setzt fort mit der Hymne auf sich selbst, in der für griesgrämige Menschen das Rezept ausgegeben wird: »Man steckt sie in den Ofen rein und heizt ein.« Um gleich darauf zu singen: »Ja wenn das so ist, dann Prost!«

Ich würde die Leidenschaft, gemeinsam zu singen, gerne anders als nationalsozialistisch bezeichnen, würde sie gerne in andere kulturelle, gar subversive Traditionen ausgelebter Sinnlichkeit stellen, sängen meine Landsleute nicht auch noch veritable Nazi-Lieder. Auf Volksfesten erzählen die -tümlichen Musiker noch immer von den beiden größten Zauberern Jesus und Adolf. Der eine habe aus Wasser Wein gemacht, der andere aus Juden Seife. Die Leute halten das für einen Witz. Und die Zunftbrüder des Cartellverbands (CV) haben nichts Besseres zu tun, als den Schülern bei viel Bier und Männlichkeitsgetue Lieder wie »In einem Polenstädtchen...« beizubringen.

Ist das zu privat? Hat das zuwenig öffentliche, politische Bedeutung? Werfen wir einen Blick in eine der größten Tageszeitungen Europas. Laut Media-Analyse 1994 der Meinungsforschungsinstitute Dr. Fessel und GFK wird die *Neue Kronen Zeitung* in Österreich von 2 680 000 Menschen gelesen. Das sind mehr als ein Drittel aller österreichischen Einwohner.

Einen Tag nach der Ermordung der vier Roma machte die *Neue Kronen Zeitung*, die an sich in der medialen Vermarktung von Verbrechen über reichhaltige Erfahrung verfügt, mit folgender Schlagzeile auf: »Vor Durchbruch bei Sparpaket.« Auf dem Titelfoto war der Wiener Bürgermeister Häupl mit dem TV-Hundekommissar Rex zu sehen. Nur ein kleines Kästchen links unten nahm auf das größte politische Verbrechen der Zweiten Republik Bezug: »Vier Tote durch Bombenexplosion.«

Im Waldheim-Wahlkampf verfolgte die *Neue Kronen Zeitung* eine ausgesprochen antisemitische Linie, ausgehend von der in vielen Variationen vorgetragenen Erkenntnis, daß »die Juden traditionsgemäß mit der Wahrheit zwiespältig« umgingen und »aus den Ereignissen der Vergangenheit Kapital schlagen« möchten. Eine Umfrage des Gallup-Instituts hat bei Lesern der *Neuen Kronen Zeitung* eine weitaus höhere Zustimmungsrate zu antisemitischen Aussagen ergeben, als dies beim Durchschnitt der österreichischen Bevölkerung der Fall ist.

In dieser Zeitung schrieb Viktor Reimann. Er war 1948/49 an der Gründung des Verbands der Unabhängigen (VdU), einer Sammelpartei für ehemalige Nationalsozialisten, beteiligt. Vor 1938 war er illegales NSDAP-Mitglied, wurde aber 1941, als Mitarbeiter der Gruppe Roman Scholz, wegen Vorbereitung zum Hochverrat angeklagt und zu zehn Jahren Zuchthaus verurteilt. Nach der Befreiung galt er demgemäß als politisch Verfolgter und arbeitete bei den *Salzburger Nachrichten* sowie als Chefredakteur im Wochenmagazin *Die Woge*. Er trat für eine bedingungslose Versöhnung mit den Nationalsozialisten ein. Er sah die Nationalsozialisten als die wahren Opfer. In einer Kolumne der *Neuen Kronen Zeitung* vom 4. Jänner 1987 schrieb er: »Weit über zehn Prozent der erwachsenen Österreicher wurden durch das NS-Gesetz zu Bürgern zweiter Klasse degradiert (...) Da sich diese Leute ins Unrecht gesetzt fühlten, konnte man von ihnen auch nicht die Fähigkeit zur Trauer verlangen. Die anderen aber, die durch ihr Verhalten in der Ersten Republik und der austrofaschistischen Ära selbst schuldig geworden waren, die Christlich-Sozialen und die Sozialdemokraten, fühlten sich nicht als Schuldige, sondern als Opfer und bekamen von den Siegermächten die Bescheinigung, daß sie die besten Demokraten seien.«

Nicht die Nazis haben das Unrecht vollzogen, die Siegermächte haben es ihnen angedichtet. Und noch etwas ist bemerkenswert. Wer die Zeit von 1934 bis 1938 mit dem Begriff des »Austrofaschismus« bezeichnet, gilt in Österreich als ein Linker. Viktor Reimann bewies, daß es auch ein ehemals Illegaler und späterer VdU-Mann sein kann, der seine Gesinnung auch 40 Jahre danach noch mit Stolz auf der zweiten Seite der größten österreichischen Tageszeitung verkündet. Der Illegale hatte zwei Feindbilder: Die verbotenen Sozialdemokraten und die als Vaterländische Front regierenden Christlich-Sozialen, die damals in Kumpanei mit den italienischen Faschisten standen, weshalb der Begriff Austrofaschismus für Viktor Reimann kein Problem war.

Die »Entsorgung der Vergangenheit« (Jürgen Habermas), wie sie deutsche Historiker anstrebten, kam Viktor Reimann wie gerufen. Die Vorstellung, daß die nationalsozialistischen Verbrechen in der Geschichte einmalig dastehen sollten, hat ihm noch nie behagt. Der deutsche Rückenwind ließ Reimanns Vergleiche nun aber selbst einmalig werden. Er schrieb: »Für die Israelis mögen die Massaker von

Shatila und Sabra singulär sein, und fast alle Kulturvölker haben Verbrechen begangen, für die sie sich schämen müssen. Würden die Rechtsgrundsätze, nach denen die Sieger des Zweiten Weltkrieges die besiegten Deutschen in Nürnberg zum Tode verurteilten, für alle Völker gelten, dann müßten die Richter von damals allein für das, was sie sich nach 1945 zuschulden kommen ließen, vor die Schranken eines Nürnberger Gerichtshofes geladen werden.«

Diese Sätze sind in ihrer Suggestion eine Rechtfertigung des Nationalsozialismus. Nicht Verbrecher standen in Nürnberg vor Gericht, sondern Besiegte, Opfer also, die von den Siegern auch noch mit dem Tode bestraft wurden. Und die wirklichen Opfer erscheinen als Verbrecher, die dem Nürnberger Gericht post eventum die Berechtigung entziehen. Die Täter werden auf Kosten der Opfer entlastet, und diese werden zu Tätern erklärt, so als wären die Mörder von Shatila und Sabra mit den Zeugen von Nürnberg identisch. Aber was immer man heute gegen eine solche Verdrehung vorbringen kann, für Reimann ist das nichts als »eine Art später Rachefeldzug (...), der dem von 1945 nicht nachsteht«. So trug Reimann mit Stolz erneut das Signum des Illegalen, weil sich »die Söhne und Enkel dank dem manipulierten Geschichtsunterricht zu Richtern über die Väter und Großväter aufspielen, obwohl sie sich unter den gleichen Umständen wie damals kaum besser verhalten würden«.

Wie hättest du dich damals verhalten? Das war die Absolutionsformel, die im Präsidentschaftswahlkampf jeder junge Waldheim-Kritiker zu hören bekam.

Sein Kollege, der unter dem Pseudonym »Staberl« publiziert, leistete Schützenhilfe. Einen Tag nach der Waldheim-Wahl schrieb er: »Niemals war oder ist es wahr, daß Waldheim ein ›Nazi‹ gewesen sei. (...) Uns obliegt es nun, diesen üblen und überdies weitaus zu langen Wahlkampf möglichst schnell zu vergessen. (...) Eines sollten wir freilich für künftige Wahlkämpfe bedenken. Wir sollen nie mehr zulassen, daß sich irgend jemand von außen in die ureigenen Angelegenheiten des souveränen Staates Österreich einmengt.«

Einer tat es doch. Der aus Wien stammende Chefredakteur der *Jerusalem Post*, Ari Rath, machte Waldheim den Vorschlag, er solle am Nationalfeiertag »die Mitschuld Österreichs ein für allemal klar aussprechen und anerkennen«. »Staberl« sah sich Monate später (am 22. Februar 1987) noch genötigt zu antworten: »Über eine ›Mitschuld‹ Österreichs an den Untaten Hitlers kann man nämlich heute, vierzig Jahre später, allenfalls auf einer Fachtagung von Historikern debattieren. (...) Was aber Herr Ari Rath völlig übersehen hat, ist die Tatsache, daß vier Fünftel aller heute lebenden Österreicher zur Zeit des Einmarsches Hitlers in Österreich entweder noch gar nicht auf der Welt oder aber jedenfalls unmündige Schulkinder gewesen sind! Was soll da das Gerede von der ›Mitschuld‹? Vier Fünftel der Österreicher für ›mitschuldig‹ zu erklären, gemahnt in fataler Weise an eine der scheußlichsten Brutalitäten des Hitler-Regimes – nämlich an das barbarische Prinzip der ›Sippenhaftung‹.«

So ist das bei uns. Vierzig Jahre durfte man von der Mitschuld Österreichs nicht sprechen, aber dann, als es langsam an der Zeit war, die Wahrheit zu sagen, hätte man sich damit der »scheußlichsten Brutalitäten des Hitler-Regimes« schuldig gemacht.

Aber vielleicht war ja alles gar nicht so schlimm, wie immer getan wird. Vielleicht wurden ja gar nicht so viele Juden vergast, wie sie uns glauben machen wollen. Im Mai 1992 stellte »Staberl« in der *Neuen Kronen Zeitung* tatsächlich derartige Überlegungen an. Von »so manchen Fachleuten« meinte er zu wissen, daß nur der geringste Teil der jüdischen Opfer vergast worden ist. Die Juden, so schrieb er, würden »die Märtyrer-Saga der so barbarisch vergasten Opfer Hitlers auf ähnliche Weise brauchen, wie die Christen seit 2000 Jahren das Andenken an den – wohl noch barbarischeren – Kreuzigungstod Jesu Christi«. Diese Zeilen haben nichts mehr mit dem Waldheim-Wahlkampf zu tun. Sie wurden sechs Jahre später geschrieben. In einer Zeitung, die weit mehr Leser hat als Haider Wähler. Das Reservoir der Verharmlosung ist offenbar noch immer nicht erschöpft.

In den ersten Nachkriegsjahren suchten Julius Raab und Alfons Gorbach Kontakt zu ehemaligen nationalsozialistischen Führungspersönlichkeiten, die sich im Umfeld des um seine Anerkennung als Partei ringenden Verbands der Unabhängigen (VdU) sammelten, um gegenseitige Unterstützungen, wenn nicht gar ÖVP-Rekrutierungen zu erreichen. Alfons Gorbach war mit seinen »Befriedungsausschüssen« in der Steiermark bei der Eingliederung ehemaliger Nationalsozialisten in die ÖVP schon sehr erfolgreich gewesen.

Der Gründer der VdU, Herbert Kraus, ein ehemaliger NS-Journalist, machte sich zu dieser Zeit im Salzburger US-Rundfunksender Rot-Weiß-Rot mit seinen Attacken auf das Nationalsozialistengesetz bei der Bevölkerung beliebt. Lange verfolgte auch er das Ziel, mit NS-Stimmen einen eigenen Wählerblock innerhalb der ÖVP zu bilden, da ihm die Alliierten bislang die Gründung einer eigenen Partei untersagt hatten. Doch da bekam er unerwartete Hilfe. Adolf Schärf (SPÖ) und der sozialistische Innenminister Oskar Helmer setzten sich massiv für die Gründung des VdU ein, nicht nur in der Bundesregierung, sondern auch durch Interventionen bei den Alliierten. Sie argumentierten mit traditionell liberalen Kräften in Österreich, die zur Zeit keine politische Vertretung hätten, wollten aber in Wirklichkeit durch eine Sammelpartei für Nazis die absolute Mehrheit der ÖVP brechen. Bruno Pittermann unterstützte diese Bestrebungen.

Bei den Wahlen von 1949 durfte der VdU kandidieren und erreichte auf Anhieb 16 Mandate im Nationalrat, also etwa 10 % der Stimmen. Die absolute Mehrheit der ÖVP war gebrochen. Fast wäre die Rechnung der sozialistischen Taktierer, die eine Naziorganisation förderten, um der ÖVP zu schaden, noch falsch ausgegangen, denn die ÖVP hatte nicht aufgehört, um die VdU-Wähler zu werben. 1953 wollte Bundeskanzler Leopold Figl den VdU in die Regierung berufen. Dieser Coup gelang nur deshalb nicht, weil der damalige Bundespräsident Theodor Körner auf eine für die Zweite Republik bisher einmalige Weise von seinen Verfassungsrechten Gebrauch machte. Er verweigerte die Zustimmung, da es dieser Partei, wie er sagte, an demokratischem Bewußtsein ebenso mangele wie am Bekenntnis zu Österreich.

Ob er dies wirklich so meinte, oder ob er sich nur für die Undankbarkeit gegenüber der Sozialistischen Partei rächen wollte, ist freilich eine andere Frage.

Aus diesem Verband der Unabhängigen ging die Freiheitliche Partei Österreichs (FPÖ) hervor, die 1956 erstmals unter dem neuen Namen kandidierte. Bis zum Innsbrucker Parteitag im Jahre 1986 führte sie einen inneren Kampf darüber, ob sie eher national oder eher liberal gesinnt sei. Eine wirklich liberale Partei war sie nie gewesen. Selbst im 1985 unter dem eher liberalen Parteiobmann Norbert Steger beschlossenen Parteiprogramm findet sich folgender Passus: »Die bei weitem überwiegende Mehrheit der Österreicher gehört der deutschen Volks- und Kulturgemeinschaft an. Diese Tatsache bleibt bestehen, obwohl sie als Folge eines verhängnisvollen

Kapitels deutscher Geschichte in Österreich vielfach verdrängt wird.« Ein verhängnisvolles Kapitel: das ist die einzige Formulierung, die dem Parteiprogramm zur vergangenen deutsch-österreichischen Bestialität einfällt.

In der FPÖ-Wochenzeitung *Kärntner Nachrichten* finden sich Sätze wie diese: »Als Führer im Zweiten Weltkrieg benahm sich Hitler ständig wie ein Ehrenmann, so auch Mussolini. Das böse Triumvirat Churchill, Stalin und Roosevelt benahm sich laufend wie sadistische Verschwörer und trügerische Lügner, die sie in Wirklichkeit auch waren.« Mittlerweile haben die nationalen Kräfte in der FPÖ den Sieg davongetragen und Jörg Haider zu ihrem neuen Obmann gewählt, der gleich bei der Antrittsrede mit Attacken auf Thomas Bernhard und den VOEST-Zentralbetriebsratsobmann den neuen ideologischen Rahmen absteckte. In Kärnten hatte sich Haider durch seine Hetze gegen die Kärntner Slowenen hervorgetan. Er wollte dafür sorgen, daß der gemischtsprachige Unterricht abgeschafft wird, damit nur ja kein deutschsprechender Schüler in diesem gemischtsprachigen Gebiet mit Slowenisch in Berührung kommt. Mit Ausnahme des Rechtes auf slowenischsprachigen Unterricht sind den Kärntner Slowenen die in Artikel 7 des Staatsvertrags festgelegten Minderheitenrechte so ziemlich alle genommen oder niemals gewährt worden. Die kroatische Minderheit des Burgenlandes – zahlenmäßig größer als die Slowenen – hat keine einzige kroatische Mittelschule bekommen. Nirgendwo ist Kroatisch als Amtssprache zugelassen.

Im Februar 1985 entschuldigte sich der damalige Verteidigungsminister Friedhelm Frischenschlager im Parlament und auch in einer israelischen Tageszeitung dafür, daß er den Kriegsverbrecher Walter Reder empfangen hatte. Das wiederum erregte die Kritik seines Parteifreundes Jörg Haider: »Ich glaube, daß der Verteidigungsminister gestern eine unnötige Erklärung abgegeben hat (...), weil er (Reder) im Rahmen einer militärischen Aktion gehandelt hat, und das hätte ja schließlich und endlich dem Vater von jedem von uns passieren können.« Denn: »Reder hat seine Pflicht getan.« Das Massaker von Marzobotto hätte zur Pflicht von jedem werden können. Konsequent spricht Haider nie vom Kriegsverbrecher Reder, sondern vom »letzten österreichischen Kriegsgefangenen«.

Haider sagt es, andere Politiker denken es nur. Schon in den fünfziger Jahren setzten sich österreichische Politiker für die Begnadigung und Freilassung des gerade zu dreißig Jahren Haft Verurteilten ein. 1955 wurde der SS-Obersturmbannführer mit Bescheid des oberösterreichischen Landeshauptmanns Gleissner wieder österreichischer Staatsbürger. Die Emigranten warten bis heute auf eine solche Geste. Sie wird nur ausgewählten Persönlichkeiten gewährt.

Es schien, als wollten die österreichischen Behörden mit allen Mitteln um die Zuständigkeit für Gnadenakte an Walter Reder kämpfen. Dieser hatte nämlich schon vor dem Anschluß, als seine SS-Karriere in Deutschland begann, die österreichische Staatsbürgerschaft abgelegt. Die SS-Waffenbrüder sammelten Spendengelder, und prominente österreichische und deutsche Politiker intervenierten für Reder oder besuchten ihn in der Festung Gaeta. Doch man hielt es für zweckmäßig, das alles heimlich zu machen. Als Walter Reder freikam, wurde ihm vom österreichischen Staat eine großzügig bemessene Pension gewährt. Dies veranlaßte einen ehemaligen Emigranten zu der eher verzweifelten als sarkastischen Bemerkung: »Wir verlangen ja nichts anderes als die Gleichstellung mit SS-Kriegsverbrechern.«

Jörg Haider gibt den Menschen das Gefühl, daß man mit der alten Mentalität auch öffentlich wieder ungeniert herausrücken darf. Die FPÖ erzielte im November 1986 mit 18 Mandaten das bis dahin beste Wahlergebnis. Der damalige Generalsekretär der FPÖ, Norbert Gugerbauer, analysierte den Wahlkampf seiner Partei folgendermaßen: »Wahlen werden nicht durch Ideologien, sondern durch das Aufbereiten von Stimmungen gewonnen.« Politik der Gefühle.

Niemand verstand es nach der Waldheim-Wahl besser, auf derselben Klaviatur weiterzuspielen, als Jörg Haider. Selbst die Themen blieben dieselben, wenngleich der Antisemitismus jetzt in einem weiten Spektrum von Fremdenfeindlichkeit aufging. Das hätte sich Waldheim nicht leisten können, weil er ja gleichzeitig – trotz aller offensichtlichen Beweise des Gegenteils – den erfahrenen Internationalisten hervorzukehren versuchte. Nach der Öffnung des Eisernen Vorhangs hieß es in der FPÖ nur noch: »Österreich zuerst!«

Die forsche ausländerfeindliche Gangart war in rechtsextremen Gruppierungen schon jahrelang vorbereitet worden. Das vom Dokumentationsarchiv des österreichischen Widerstandes herausgegebene *Handbuch des österreichischen Rechtsextremismus* belegt in minutiöser Weise, daß sich viele Rechtsextreme nun Jörg Haider zuwandten. Andere radikalisierten sich und gingen daran, Haiders legale Parteiarbeit durch den Aufbau neonazistischer Kampftruppen zu beschleunigen.

Natürlich gab es in der neuen Situation, auf die niemand vorbereitet war, neue gesellschaftliche Probleme. Auf dem Arbeitsmarkt entstand, vor allem im Bereich der ungelernten Arbeitskräfte, ein neuer Konkurrenzdruck. In einer der sichersten Städte der Welt, in Wien, stieg in der Anfangsphase die Kriminalitätsrate, vor allem im Bereich der Eigentumsdelikte. Aber anstatt für eine neue Situation neue Lösungen zu suchen, setzte die FPÖ alles daran, das durch die politische Entwicklung verängstigte Empfinden zu bestätigen und für sich zu reklamieren. Die, nüchtern betrachtet, abstruse Sehnsucht nach dem alten Eisernen Vorhang, der uns, wie sich nun herausstellte, vor den Problemen der armen Länder abgeschottet hatte, wurde zum politischen Programm. Es war eine Sehnsucht zurück nach einer straffen Ordnungsmacht, für die Haider bald den Begriff »Dritte Republik« in Umlauf brachte. Die Regierungsparteien machten es Haider leicht. Anstatt öffentlich über nötige Reformen nachzudenken, begannen sie die Zweite Republik samt all ihren verkrusteten Strukturen und Privilegien, die zum Teil noch auf die Zeit des Austrofaschismus zurückgehen, zu verteidigen.

So wandten sich Haider auch noch eine Fülle von Protestwählern zu, die sich keineswegs in ideologischer Übereinstimmung mit ihm fanden, die es ihm aber dankten, daß er für ihre Probleme starke Worte fand und »denen da oben ordentlich einheizte«.

Auf diese Weise gelang es der Haider-FPÖ, die 18 Mandate von 1986 vier Jahre später fast zu verdoppeln. Haider signalisierte, daß er über dem Erfolg von 33 Mandaten seine alte Stammkundschaft nicht vergessen hatte, und ließ das »Danke« in Frakturschrift affichieren.

1986, nach der Waldheim-Wahl, bat der Bundespräsident die österreichischen Parteien um Selbstdarstellungen, die in einer Publikation unter dem Titel *The Nationalrat election in Austria* an jene ausländischen Journalisten verteilt wurden, die noch immer da waren, um über unser Land ein falsches Bild zu verbreiten. Was die anfängliche Weigerung der Alliierten betrifft, in Österreich eine Sammelpartei von ehemaligen Nazis zuzulassen, stellt die FPÖ in dieser Broschüre das Bild folgendermaßen richtig: »1945 erlaubten die vier Besatzungsmächte den konservativen und sozialistischen politischen Gruppierungen, Parteien unter der Bezeichnung ÖVP und SPÖ zu bilden. Aber jenem Teil der öffentlichen Meinung, der seine Treue für die liberale Sache bewahrt hatte, wurde nicht erlaubt, eine unabhängige politische Struktur zu gründen.« Das ist österreichische Geschichte, angenehm verpackt – für den Medienexport. Besonders deutlich wird an diesem Beispiel, wie in Österreich die Geschichtsprobleme in Wirklichkeit Gegenwartsprobleme sind. Nicht: Wie verhalte ich mich zur Geschichte meines Landes, ist gegenwärtig die Frage, sondern: Wie läßt sich diese Geschichte in ein der gegenwärtigen politischen Ästhetik entsprechendes Bild verwandeln.

Politisch bedeutsame Bilder und Selbstbilder werden mit den Mitteln der Rezeptionsästhetik entworfen: Man schafft sich genau das Selbstbildnis, von dem man annimmt, daß es den momentanen Geschmack der anderen trifft. So ist das Österreichbild in Bewegung geraten.

Ilse M. Aschner erzählt

Emigriert bin ich 1939. Angesucht habe ich aber schon 1938, gleich nachdem die Nazis einmarschiert waren. Man durfte nur emigrieren, wenn man nachweisen konnte, daß man im Ausland eine Arbeit hat oder jemanden, der den Unterhalt garantiert. Man hätte sonst keine Bewilligung zur Ausreise bekommen. Ich habe mich bei den Quäkern angemeldet, die in Wien eine Hilfsorganisation für nichtjüdische Juden gehabt haben, für Leute, die getauft waren, so wie ich, die aber von den Nazis plötzlich mangels vier nichtjüdischer Großeltern zu Juden deklariert wurden. Die Quäker haben mir innerhalb von zwei, drei Monaten einen Posten als Erzieherin in einem englischen Pfarrhaus verschafft. Die Ausreisepapiere bekam ich viel später, das hat bis März 1939 gedauert. Man mußte Bestätigungen vorweisen, daß man keine Steuerschulden hat, keine Hundesteuer schuldig ist, keinen sittenwidrigen Lebenswandel geführt hat, also auch ein Leumundszeugnis. Dann mußte man Listen führen über alles, was man mitnehmen wollte. Die Listen mußten genehmigt werden. Ich wollte meine Bücher mitnehmen. Da war jedes einzelne Buch – es waren etwa 1500 Bücher, die ich mitnehmen wollte – in die Liste einzutragen, und jedes Buch mußte genehmigt werden. Man durfte sie nur mitnehmen, wenn sie vor dem 13. März 1938 gekauft waren. Um das zu beweisen, mußte man sich Tricks einfallen lassen. So habe ich Widmungen mit alten Daten hineingeschrieben. Sonst hätte es als Ausbürgerung deutschen Eigentums gegolten. Jedes Paar Strümpfe, jedes Handtuch, einfach alles wurde von der Gestapo geprüft. Die kamen in die Wohnung und haben jedes Stück mit der Liste verglichen, dann erst durfte ich es in die Kiste legen. Sie haben jedes Buch genommen und aufgeschüttelt, ob da nichts drinnen liegt. Diese Prozedur hat viele Stunden gedauert. Dann mußten die Kisten vor ihren Augen zugenagelt werden. Die

Koffer wurden abgesperrt und versiegelt, so daß man danach, als die Gestapo weg war, nichts mehr ins Gepäck geben konnte.

Ich habe damals im vierten Bezirk gewohnt, Seisgasse 18, beim Draschepark. 1938, als die Nazis einmarschierten, war ich zwanzig Jahre alt. Ich habe Germanistik und Kinderpsychologie studiert.

Ich bin zwei Tage nach dem Anschluß zur Universität gegangen, ich wollte, ahnungslos wie ich war, eine Vorlesung besuchen. Am Hauptportal standen Studenten in SA-Uniform und ließen nur diejenigen passieren, die einen Ariernachweis vorzeigen konnten. Ariernachweis konnte ich aber keinen erbringen. Na schön, habe ich ihnen gesagt, kann ich also nicht mehr weiterstudieren. Ich möchte aber wenigstens meine Bücher und Sachen noch herausholen. Es gab einen Seminarraum, in dem jeder seinen eigenen Spind hatte. Aber ich durfte die Universität nicht mehr betreten, konnte nicht einmal mehr meine eigenen Sachen holen. Das wäre mein drittes Semester gewesen.

Mein Bruder war zu dieser Zeit Probelehrer. Er hatte sein Studium mit Doktorat und Pädagogikum schon abgeschlossen. Auch er hätte einen Ariernachweis erbringen müssen und durfte die Schule nicht mehr betreten.

Mein Vater hat acht Tage nach dem Einmarsch seine Arbeit verloren. Er hätte einen Eid auf den Führer ablegen sollen, konnte aber nicht, weil er jüdische Eltern gehabt hat.

So war die ganze Familie plötzlich ohne Einkommen. Mein Bruder und ich haben heimlich Nachhilfestunden gegeben. Mittelschulprofessoren, die uns von früher her noch gewogen waren, haben uns Schüler geschickt. Von diesen Nachhilfestunden hat die vierköpfige Familie gelebt.

Ein Jahr zuvor hatte ich maturiert. Wir haben genau gewußt, wer in unserer Klasse die illegalen Nazis waren. Wir haben das einfach hingenommen. Gut die Hälfte der Buben unserer Klasse waren schon ein Jahr vor der Matura illegale Nazis. Wir haben da keinen Kampf ausgetragen, wir haben es einfach gewußt. Unser Klassenvorstand, Mathematikprofessor, war ebenfalls ein illegaler Nazi, schon lange. Das hat die ganze Schule gewußt. Er war widerlich, ein alter, ausgetrockneter Mann. Ich habe mich vor ihm gefürchtet, aber nicht, weil er ein Nazi war, sondern wegen Mathematik. In der siebenten Klasse ist bei uns ein deutsches Mädchen eingetreten, das mit seinen Eltern nach Österreich übersiedelt ist. Sie kam immer in der

BDM-Uniform in die Schule. Niemand hat sich daran gestoßen, sicher auch, weil sie Ausländerin war. Inländer durften keine Abzeichen tragen, nur das Krukenkreuz der Vaterländischen Front. Wenn die Mathematikstunde begonnen hat, ist sie zum Katheder gegangen und hat gesagt: Herr Professor, würden Sie wieder ein paar Bausteine für den BDM spenden? Er hat gezahlt, und sie hat ihm Zettel dafür gegeben. Er hat das ungeniert in der Mathematikstunde gemacht. Das zeigt, daß die Nazis sich überhaupt nicht gefürchtet haben. Von der Schulbehörde wurde das Naziverbot nicht ernst genommen. Die Burschen aus unserer Klasse sind am Abend zu ihren SA-Treffen gegangen. Alle haben das gewußt. Einer von ihnen, mit dem ich sehr gut war, ist nach dem Anschluß in der SA-Uniform zu uns gekommen und hat zu mir gesagt: Ich habe gehört, daß du jüdisch bist. Wenn du irgendeine Hilfe brauchst, die ich dir geben kann, werde ich mich darum bemühen. Ich habe ihn aber nie darum gebeten. Was hätte er uns schon helfen können. Ich war plötzlich Jüdin und durfte nicht mehr in die Universität, mein Bruder und mein Vater durften nicht mehr arbeiten. Was blieb da noch für uns? Meine Eltern waren mittlere Funktionäre in der Sozialdemokratischen Partei. Ich war Mitglied beim Bund sozialistischer Mittelschüler. Aber das war seit 1934 vorbei, weil die Partei ja verboten war.

Die österreichischen Tageszeitungen waren von den Christlich-Sozialen gelenkt, die anderen waren verboten. Die *Reichspost* war überhaupt die schwarze Tante. Dann hat es andere Blätter gegeben, die ein wenig gemäßigter waren, *Der Tag* und *Der Morgen*, die aber politisch auch gleichgeschaltet waren. Deswegen hatte mein Vater das *Prager Tagblatt* abonniert. Das war eine linksliberale Zeitung. Daher wußten wir, wie die SA sich in Deutschland aufführt und die SS. In der *Reichspost* konnte man das alles nicht lesen. Das war kein Thema für sie. Aber im *Prager Tagblatt* hat man schon über Dachau geschrieben, daß es Konzentrationslager gibt. Ich kann mich lebhaft erinnern, da war ein Gestapo-Verhör beschrieben, und zwar von einem, der danach in die Tschechoslowakei flüchten konnte. Er hat das Verhör und die ganze Nazibrutalität minutiös geschildert.

Wir haben jedesfalls gewußt, was die Nationalsozialisten sind. Die da nachher behauptet haben, sie hätten keine Ahnung gehabt, was mit den Nazis auf sie zukommt, es fällt mir schwer, das zu glauben. Die Möglichkeit, sich zu informieren, hätten sie jedenfalls gehabt.

Ich bin jahrelang, seit der sechsten Klasse, mit so einem Nazibuben gegangen. Der hat gerade sein Freiwilligenjahr gemacht, als die Nazis einmarschiert sind. Er ist natürlich sofort in die Deutsche Wehrmacht übernommen worden. Dem habe ich geschrieben, die Lage ist jetzt so, daß ich auf einmal eine Jüdin bin. Ich muß Dir das sagen. Er hat zurückgeschrieben: Große Liebe ja, aber Du wirst einsehen, ich mit meiner Überzeugung kann nicht gut mit einer Jüdin gehen. Ich habe geheult. Drei Tage später ist er gekommen und hat gesagt: Das ist doch Schwachsinn. Jetzt gehen wir drei Jahre miteinander und verstehen uns so gut, du bist ja jetzt kein anderer Mensch geworden. Also der hat sich aufgerappelt. Und hat sich später, als mein Bruder und ich schon in der Emigration waren, um meine Eltern gekümmert. Hat ihnen Lebensmittel gebracht. Er war den ganzen Krieg über eingerückt. Nach dem Krieg sind wir einander wieder begegnet, da war er bereits Mitglied der Sozialistischen Partei.

An der Universität waren die Aktivitäten der Nazis sehr stark. Es hat immer wieder Prügeleien gegeben, vor allem von schlagenden Verbindungen, von denen alle damals gewußt haben, daß es Naziverbindungen sind. Im zweiten Semester habe ich einen jungen Burschen kennengelernt, der Rabbiner werden wollte. Der hat sich regelrecht gefürchtet und hat mir das auch immer gesagt. Ich habe mich ja überhaupt nicht als Jüdin gefühlt. Ich bin als Baby evangelisch getauft worden und hatte nie etwas mit dem Judentum zu tun. Das war auch nie ein Gesprächsthema in unserer Familie. Ich bin als Schülerin in den evangelischen Religionsunterricht gegangen.

Dieser Bursche hat mir von seiner Angst erzählt. Daß er immer ausweicht, wenn er sieht, wie sie anmarschiert kommen, so ein Trupp von sechs, sieben Leuten einer schlagenden Verbindung. Die haben die Studenten angepöbelt, vor allem die Juden, aber auch die, von denen sie gewußt haben, daß sie Sozialdemokraten sind. Ich habe aber damals noch keine Angst gehabt.

Zwei Tage vor dem Einmarsch war eine riesige Kundgebung, eine Art Versöhnungsaufmarsch, in der Inneren Stadt entlang der Ringstraße. Der Schuschnigg hat den Sozialdemokraten den gemeinsamen Widerstand angeboten: Die Gefahr ist jetzt so groß, wir müssen gemeinsame Sache machen. Und alle illegalen Sozialdemokraten sind mitgegangen. Man hat die Gefahr gespürt. Diese mächtige

Kundgebung gegen die Nazis ist aber im Nichts verpufft. Zwei Tage später sind sie einmarschiert.

Eigentlich waren wir voller Haß gegen den Schuschnigg. Wir haben immer das Gefühl gehabt, die tun nichts Ernsthaftes gegen die Nazis, sie packeln so ein bißchen mit ihnen. Sie schauen, daß sie möglichst gut mit ihnen auskommen. Wenn einer mit Hakenkreuz auf der Straße herumgelaufen ist, hat die Polizei die Augen zugedrückt. Nur in der letzten Woche haben wir das Gefühl gehabt, die Schuschnigg-Leute versuchen jetzt endlich eine gemeinsame Anstrengung, um etwas zu retten. Aber da war es einfach zu spät.

Am Tag des Anschlusses ist unsere ganze Familie ununterbrochen beim Radio gesessen, und meine Mutter ist in Tränen ausgebrochen, als es geheißen hat, die österreichische Grenze ist überschritten. Ich habe mitgeweint. Den ganzen Tag wurde berichtet, wie das Volk in allen Orten jubelt, wie die Frauen auf der Straße in Freudentränen ausbrechen und ihre Kinder dem Führer entgegenhalten. Und meine Mutter und ich saßen vorm Radio und weinten. Ich konnte es einfach nicht fassen, wie das Volk sich plötzlich wendet. Gerade waren sie noch brave Christliche Demokraten gewesen, und auf einmal waren sie alle begeisterte Nazis geworden.

In der Seisgasse war ein nach einer Seite offener Hof. Vis-à-vis von unseren Fenstern war in einem Keller ein Turnverein untergebracht. Das waren junge Burschen, die dort geturnt haben. Sie haben uns eigentlich nie gestört. Am Tag des Einmarsches sind sie aus dem Keller herausgekommen und haben Hakenkreuz-Binden um den Arm gehabt. Die haben das alles schon im Turnverein gehabt, die waren vorbereitet auf die Übergabe Österreichs, und wir hatten keine Ahnung. Das war ungefähr eine Stunde, nachdem die Nazis die Grenze überschritten hatten.

Ringsherum waren plötzlich alle Nazis. Auch die Sozialdemokraten. Das war der Eindruck, den ich damals hatte. Es hat überhaupt keine Opposition gegeben, alle haben sich schnell arrangiert. Mein Vater war völlig empört über das Anschluß-Ja von Renner. Er hat gesagt, dieser Mann ist ein Verräter. Wir haben uns wirklich verraten gefühlt. Die Nazis müssen ja gewußt haben, daß es hier eine starke Sozialdemokratie gibt, man hat ja nicht erwarten können, daß sie sich arrangieren. Und die wirklichen Sozialisten haben sich auch nicht arrangiert, sondern sind entweder in die Emigration gegangen oder ins KZ gekommen oder in die Illegalität und zumeist verraten worden. Umgebracht worden.

Diese vielen Leute, die plötzlich zu den Nazis gehalten haben, aber nicht nur auf unserer Seite, ebenso auf der katholischen Seite. Wir waren genauso empört über das Verhalten von Kardinal Innitzer und der österreichischen Bischöfe, die das plötzlich auch begrüßt haben. Es war für uns ein Schlag. Wir haben zwar kein besonderes Herz für die katholische Kirche gehabt, aber es hat uns doch sehr verletzt, daß die plötzlich auch für die Nazis waren. Wir haben auch von dort Widerstand erwartet. Wir haben zwar gewußt, daß Widerstand nichts nützen wird, weil sich die österreichische Armee nicht gegen die deutsche behaupten kann, aber wir haben geglaubt, daß die geballte Macht der österreichischen Arbeiterschaft plus Österreichisches Bundesheer, plus alle aufrechten Intellektuellen gemeinsam etwas machen werden, was zumindest der Welt zeigt, daß wir den Einmarsch nicht wollen. Und deshalb die große Enttäuschung, daß der Schuschnigg einfach abgetreten ist, ohne wirklich den Widerstand zu probieren. Die Arbeiter wären damals bereit gewesen. Das hat sich auf diesem letzten großen Protestmarsch vor dem Anschluß gezeigt. Es war wirklich eine Art Versöhnungsmarsch und ein Protestmarsch zugleich. Es war der größte Aufmarsch, den ich je gesehen habe auf der Ringstraße. Da war die Jugend, Arbeiter, Krankenschwestern, Straßenbahner, Studenten, alle waren da. Und alle haben einen Widerstand ersehnt. Und man konnte für einen Moment vergessen, daß die einen, die in der gleichen Reihe marschieren, die anderen jahrelang in der Illegalität gehalten haben. Alle haben gehofft, daß jetzt irgendeine Form von Widerstand organisiert wird. Und sie haben nichts getan. Es wäre auch zu spät gewesen. Das hätte man ein, zwei Jahre vorher beginnen müssen, als schon immer deutlicher spürbar war, was uns drohen würde. Mein Vater war überzeugt, Hitler würde nicht so einfach über die Grenze kommen können. Die Österreicher würden ihm zeigen, daß er hier nicht nur Freunde hat. Aber Schuschnigg hat Hitler einfach alles übergeben und gar nichts organisiert. Gott schütze Österreich – und aus.

Nach dem Einmarsch war mir klar, daß viele, die am Versöhnungsmarsch teilgenommen hatten, ein paar Tage später für Hitler auf die Straße gingen. Anders kann das nicht sein. Woher hätten diese vielen, vielen Leute am Heldenplatz sonst alle herkommen sollen. Ich weiß bis heute nicht recht, wie ich das einstufen soll. Schlechter Charakter, Opportunismus, oder man muß sich gleich arrangieren, oder der Nachbar sieht vielleicht, daß ich nicht hingegangen bin und so. Diese Tendenz gibt es ja hier bis heute. Sich möglichst anpassen. Ich kann mir nur denken, daß es das war. Um nur ja keinen Schlechtpunkt zu bekommen.

Beim Einmarsch sind wir nicht auf die Straße gegangen. Wir waren so verstört, daß wir das Haus nicht verlassen haben. Überall sind die Nazis in Uniform herummarschiert. Mein Vater ist noch acht Tage in den Dienst gegangen, dann wurde er suspendiert.

Das *Prager Tagblatt* ist nicht mehr eingetroffen. So haben wir die anderen Zeitungen kaufen müssen, um zu wissen, was los ist. Da waren die Fotos vom Heldenplatz, die Jubelszenen, Heil Hitler, und Du hast uns gerettet, und Du hast uns erlöst und so weiter. Es war eine sonderbare Stimmung. Sogar Freunde von uns sind übergelaufen. Einer war Straßenbahner und ein glühender Sozialdemokrat und hat auch illegal für die Sozialdemokraten gearbeitet, auf einmal war er bei der Nazipartei. Sofort übergetreten. Hat versucht, uns zu erklären, was der Hitler in Deutschland schon alles geleistet hat. Und jetzt kriegen die Leute auch bei uns Arbeit. Mein Vater hat gesagt: Na was schon, Rüstungsindustrie und Straßenbau, Kriegsvorbereitung. Du siehst das zu pessimistisch, hat er geantwortet. Wir waren jahrelang keine Menschen. Krise, Arbeitslosigkeit: Schlagartig ändert sich das alles.

Es hat damals genug Lebensmittel bei uns gegeben. Die Arbeitslosen konnten sie nicht kaufen, aber wer Geld gehabt hat, konnte sich alles kaufen. Auf einmal waren verschiedene Lebensmittel knapp. Die Lebensmittellager sind nach Deutschland geschleppt worden. Dort war ein Mangel an Mehl und Zucker. Die haben einfach alles nach Deutschland geschafft.

Meine beste Freundin war eine sogenannte »echte Arierin«. Ihr Vater war ein alter Nazi, Hochschulprofessor in Deutschland. Sie war auch nazistisch angehaucht und hat immer gesagt: Sei nicht so blöd, dir sieht kein Mensch an, daß du eine Jüdin bist. Wir können ruhig in ein Café gehen. Also sind wir einmal ins Café Wortner gegangen. Und ausgerechnet, während wir dort sitzen und Kaffee trinken, wird wegen einer Führer-Rede das Radio aufgedreht. Alle Leute sind aufgesprungen zum Hitler-Gruß. Ich habe gefragt: Was tue ich jetzt? Sie hat geantwortet: Du stehst auf und hebst die Hand in die Höhe. Wenn du es nicht tust, fällst du sofort auf. Du stehst jetzt auf mit mir und hältst die Hand in die Höhe. So habe ich es mir abgewöhnt, ins Kaffeehaus zu gehen.

Eine der Ängste, warum wir uns nicht auf die Straße getraut haben, war, daß man die Juden immer wieder zusammengefangen hat, besonders im zweiten Bezirk. Da mußten sie dann die Straße waschen. Ich habe es einmal gesehen, und das hat mich in solche Ängste versetzt, daß ich einfach die Öffentlichkeit gemieden habe, wann immer es ging. In unserer Gegend, im vierten Bezirk, hat es kaum jüdische Geschäfte gegeben, deshalb war es bei uns etwas leichter, aber in anderen Bezirken ist das ständig passiert. Von uns haben zum Glück nicht viele gewußt, daß wir jetzt als Juden gelten. So sind wir zumindest am Anfang einigermaßen verschont geblieben. Als es dann für meine Eltern begonnen hat, als sie in die Massenwohnung in der Werdertorgasse kamen, war ich schon weg. Sie haben es mir nicht mehr erzählen können.

Ich bin im März '39 emigriert und in dieses Pfarrhaus gekommen. Als ich in England ankam, sprach ich kein Wort Englisch, weil ich in der Schule Latein und Griechisch gelernt hatte. Dort war aber niemand, der auch nur ein Wort Deutsch verstanden hätte. Das war in einem Dorf. Ich habe Englisch von dem fünfjährigen Buben gelernt, der mir anvertraut war. Der hat von früh bis Abend auf mich eingeredet. Ich habe am ersten Tag gar nichts verstanden, am zweiten Tag zwei Worte, und innerhalb eines Monats konnte ich Englisch reden. Als der Bub sechs Jahre alt war, hat die Pfarrerin gesagt: Ich will nicht, daß er in die Dorfschule geht. Du gibst ihm jetzt zu Hause Unterricht. Sie haben die nötigen Schulbücher beschafft, ich habe ihn unterrichtet, und er ist einmal im Jahr zur Prüfung gegangen. Eines Tages stand vor der Haustür mein Bruder. Er sagte: Ich bin mit dem letzten Zug, der normal ausgefahren ist – das war Ende August 1939 – fortgekommen. Meine Mutter hat ihn gedrängt, nicht mehr auf die Bewilligung für Kleider und anderes Gepäck zu warten, sondern loszufahren. Sie würden dann seine Sachen, wenn es ginge, nachbringen. So kam er mit einem Hemd, einem Paar Socken und dem *Schüler Gerber* in der Aktentasche bei uns an. Das junge Pfarrerehepaar hatte ihn als Gärtner angemeldet.

In England ist es uns sehr gut gegangen. Zuerst sind wir von den

Behörden als feindliche Ausländer angesehen worden, weil wir ja deutsche Pässe gehabt haben. Man mußte vor einem Tribunal beweisen, daß man ein echter Flüchtling war. Dann wurde man als Verfolgter durch das Naziregime registriert. Wir hatten die Auflage, uns immer, wenn wir den Ort verließen, bei der Fremdenpolizei zu melden. Wir durften zuerst keine Fahrräder besitzen. Die haben am Anfang merkwürdige Vorstellungen gehabt: Wenn da ein Nazispion eingeschleust würde, und er hätte ein Fahrrad, könnte er einem anderen Nazi, der irgendwo mit einem Fallschirm abspringt, das Fahrrad bringen, damit er schnell wegkommt.

Wir haben sofort versucht, die Eltern nachzuholen. Die waren schon über fünfzig Jahre alt und konnten deshalb in England keine Arbeitsbewilligung mehr bekommen. Sie durften aber nach England einreisen, wenn pro Person auf einer Bank fünfzig Pfund hinterlegt waren. Das ist heute eine lächerliche Summe, damals war das für uns sehr, sehr viel Geld, das mein Bruder und ich nicht aufbringen konnten. Da hat die Pfarrfamilie, ohne daß wir davon wußten, in ihrem Freundeskreis hundert Pfund gesammelt und hat den Betrag auf einer Bank für meine Eltern hinterlegt. Als sie uns dann sagten, das Geld ist beisammen, haben wir sofort den Eltern geschrieben. Die haben blitzartig ihre Ausreise vorbereitet und sind am 3. September 1939, an dem Tag, als die Deutschen in Polen einmarschiert sind, an der holländischen Grenze angekommen. Das war eine Gruppe von dreißig Emigranten, die sich zufällig im Zug zusammengefunden hatten, meine Eltern darunter. Die Holländer haben sie aus dem Zug herausgeholt und gesagt, sie könnten nicht weiterreisen, weil England an Deutschland den Krieg erklärt hat. Sie wüßten nicht, ob die Engländer jetzt noch Leute mit deutschen Pässen einreisen ließen. Was heißt deutsche Pässe. Es waren ja gekennzeichnete jüdische Pässe. Von den Deutschen mit einem I und einem S gekennzeichnet. S bei Frauen für Sarah und I bei Männern für Israel. Ich hatte nur ein S hineingestempelt. Bei meinen Eltern wurde das schon zum Namen dazugeschrieben. Die haben plötzlich Sarah Paula Römer und Israel Gustav Römer geheißen. Mein Vater hat uns von der holländischen Grenze eine Postkarte nach England geschrieben: Die Holländer wollen uns nicht weiterreisen lassen. Wir haben uns von der englischen Polizei sofort eine Bestätigung besorgt, daß das Geld vorhanden ist und daß sie jederzeit einreisen können, weil sie Flüchtlinge sind und auch nach der Kriegserklärung nicht als feindliche Deutsche gewertet werden.

Unsere Bestätigung kam zu spät. Sie waren drei Tage an der Grenze und sind dann zurückgeschickt worden.

Dann haben wir lange nichts von ihnen gehört. Aber davor schon hat uns dieser Nazifreund, den ich gehabt habe und der zur Vernunft gekommen ist, zeitweise, so alle drei Monate, über das Rote Kreuz in Schweden Briefe geschickt. Die Briefe waren anonym, aber ich habe natürlich seine Schrift gekannt. Und der hat meine Eltern hin und wieder besucht. Sie mußten im ersten Bezirk in der Werdertorgasse in eine Judenwohnung ziehen. Da hat man alle Juden, die noch in Wien waren, zusammengepfercht. Unsere Wohnung in der Seisgasse ist »arisiert« worden. Meine Eltern wurden einfach rausgeschmissen. Sie mußten alle Möbel drin lassen, und ein Parteifunktionär ist eingezogen. Der wohnt heute noch dort, oder vielleicht ist es jetzt schon sein Sohn.

Der Freund hat mir jedenfalls damals geschrieben, daß er meine Eltern besucht, ihnen Essen in die Werdertorgasse bringt und daß es auch noch andere Leute gibt, die meinen Eltern helfen. Damals gab es schon ständig Judentransporte, und eines Tages, das war 1941, sind auch meine Eltern abgeholt worden. Wo sie dann waren, habe ich lange nicht gewußt.

Viel später habe ich erfahren: Meine Mutter ist in Stutthof gestorben. Das war ein Lager außerhalb von Danzig. Dort hat sie noch bis Kriegsende gelebt. In den letzten Tagen haben sie die überlebenden Häftlinge alle umgebracht und in ein Massengrab geworfen. Dieses Massengrab wurde zehn Jahre nach dem Krieg gefunden. Mein Vater ist 1942 im Ghetto Riga, wo auch meine Mutter zuerst war, an einer Darminfektion gestorben.

Nach dem Krieg habe ich einen Brief von einer Frau gekriegt, die mir in schlechtem Deutsch geschrieben hat, daß sie mit meiner Mutter in Stutthof bei Danzig im KZ war. Sie haben damals irgendwie erfahren, daß die Russen im Anmarsch sind. Meine Mutter und diese junge Frau haben außerhalb des Lagers in einer Fabrik gearbeitet. Sie sind täglich ins KZ zurückgebracht worden. Diese Frau schlug meiner Mutter vor zu flüchten, den Russen entgegen. Meine Mutter hat gesagt: Du bist jung, ich bin alt und völlig fertig. Ich will dich nicht belasten. Du allein wirst es schaffen. Sie ist ohne meine

Mutter geflüchtet. Vorher hat sie noch meine englische Adresse auswendig gelernt und hat mir bei der ersten Gelegenheit geschrieben. Das war der Wunsch meiner Mutter gewesen. So habe ich erfahren, daß mein Vater schon 1942 in Riga umgekommen ist. Sie hat bedauert, daß meine Mutter nicht mitgekommen ist, denn sie hätten es zu zweit auch geschafft, hat sie geschrieben.

Mein Bruder und ich wollten 1945 sofort zurück nach Österreich. Wir waren inzwischen in der Kommunistischen Partei. Die Partei hat sich dort als Austrian Center etabliert. Offiziell durften wir als Ausländer ja keiner politischen Betätigung nachgehen. Es war eine reine Emigrantenpartei. Wir haben ein eigenes Haus in Manchester gehabt, gleich bei der Universität. Das hat den Österreichern gehört. Dort haben wir ein österreichisches Restaurant eingerichtet, ein österreichisches Kaffeehaus, dort hat es am Abend kulturelle Veranstaltungen gegeben. Es war für alle eine zweite Heimat. Es gab eine kommunistische Erwachsenenorganisation und einen Jugendverband, in dem war ich. Die kommunistischen Fortbildungszirkel und Schulungen waren heimlich. Wir waren völlig indoktriniert von der Vorstellung, auf uns wartet man in Österreich. Wir müßten uns auf unsere wichtigsten Aufgaben vorbereiten. Man hat uns eine Lehrerausbildung gegeben, weil man gesagt hat, man wird die Nazilehrer ersetzen müssen und froh sein, wenn wir kommen.

Als der Krieg vorbei war, haben die Engländer aber gesagt, sie lassen uns nicht so schnell zurückgehen, weil es in Österreich nichts zu essen gebe und weil es sinnlos sei, Österreich jetzt auch noch mit Emigranten zu belasten. Jeder einzelne brauchte eine Erlaubnis für die Rückkehr. Sie ließen nur Emigranten zurückkehren, die keine Kinder hatten. Um die Kinder waren sie besorgt, denn die haben ja alle britische Pässe gehabt, da sie in England geboren waren. Und von den kinderlosen Emigranten durften nur die zurückkehren, die einen Beruf hatten, der in Österreich ein Mangelberuf war. Zum Beispiel Lehrer. Ich habe mich auf meine Kindergärtnerinnenausbildung berufen und gesagt, die Kindergärtnerinnen waren in Österreich genauso Nazis wie die Lehrer und es sei wichtig, daß auch die kleinen Kinder von demokratisch gesinnten Leuten erzogen würden. Das haben sie eingesehen. Im Sommer 1946 habe ich die Rückreiseerlaubnis gekriegt.

Ich fuhr zurück. Bis Paris ging es ohne Probleme. Ab Paris ist nur ein einziger Zug nach Österreich gefahren, der Arlbergexpreß, aber der fuhr nur jeden Mittwoch. Als ich angekommen bin, war Dienstag, und der Zug war ausgebucht. Ich mußte eine Woche in Paris bleiben.

Dann kam ich am Westbahnhof an. Da war alles völlig zerbombt. Nur Trümmer. Entsetzlich dieser erste Anblick. Wir haben zwar die zerbombten Städte in England gekannt. Aber dort hat man das alles sehr schnell beseitigt. Offenbar aus psychologischen Gründen. Man hat zumindest sofort alles zusammengeschaufelt und Planken ringsherum angebracht. Aber dieser erste Anblick am Westbahnhof, das war wirklich gräßlich. Ich habe gefragt: Wo kriege ich denn ein Lastauto für mein Gepäck? Nur Hohngelächter. Es gab keine Lastautos. Schließlich hat ein Freund, der mich dort abgeholt hat, gesagt, ich könne da draußen einen Pferdewagen mieten. Wir haben wirklich einen gefunden und mein Gepäck aufgeladen.

Der Freund, der mich abgeholt hat, hat in Wien während der Nazizeit als U-Boot gelebt. Er war ein halbjüdischer Jurist. Als der Krieg zu Ende war, hat er mir gleich geschrieben, daß er überlebt hat. Er war die ganze Zeit über versteckt.

Dieser Pferdewagen hat mir das Gepäck, es waren vor allem schwere Bücherkisten, die drei Minuten zur Felberstraße hinübergebracht. Ich habe den Mann gefragt, was ich schulde, ich hätte nur englisches Geld. Hat er gefragt: Haben Sie Zigaretten, das wäre mir lieber. In einem meiner Koffer war eine Einlage, die konnte man wie ein Tablett herausnehmen, und die war voll mit Zigaretten. Die habe ich aus England mitgenommen, wissend, daß es hier keine gibt. Ich war damals schon eine fanatische Raucherin. Wie viele Zigaretten sollte ich ihm geben? Eine Schachtel, oder drei, oder fünf? Ich gebe ihm eine Schachtel Zigaretten und schaue, was er für ein Gesicht macht. Und der springt auf seinen Wagen auf und fährt im Blitztempo davon. Ich gehe zum Bahnhof zurück, wo mein Freund gewartet hat. Er hat mich gefragt: Was hast du ihm gegeben? Ich sage, eine Schachtel Zigaretten. Der ist fast umgefallen. Bist du wahnsinnig? Drei Zigaretten wären schon fürstlich gewesen.

Ich bin zur Partei gegangen und habe mich gemeldet. Ich habe gesagt, ich würde gerne als Kindergärtnerin arbeiten. Dort saßen bereits Leute aus der englischen Emigration. Es hat sich herausgestellt, daß hochgestellte Funktionäre früher zurückfahren konnten, obwohl sie keinen Beruf gehabt haben. Die sagten, ich solle mich zunächst umschauen und alte Beziehungen aufnehmen. So bin ich sofort in den vierten Bezirk gegangen, zu unserer ehemaligen Wohnung. Mein Plan war, die Wohnung für mich und meinen Bruder zurückzufordern und mein Studium wiederaufzunehmen, was mir in England ja nicht möglich war, weil ich arbeiten mußte, um leben zu können. An der Wohnungstür habe ich gesehen, daß der Nazi immer noch drinnen ist. Da es ein russischer Bezirk war, bin ich auf die russische Kommandantur gegangen und habe gesagt, daß ich und mein Bruder die Erben dieser Wohnung sind, in der noch immer der Nazi drinnen sitzt. Die Russen haben mir auf einem Zettel geschrieben, daß uns die Wohnung übergeben werden muß. Ich sollte damit auf das österreichische Wohnungsamt gehen, um die Rechtmäßigkeit meiner Erbschaft bestätigen zu lassen. Ich habe das meiner Partei erzählt. Doch die haben gesagt: Wir haben momentan andere Pläne für dich, du mußt nach Salzburg gehen, dort sind so viele Nazi-Jugendliche, man muß dort eine Gruppe der Freien Österreichischen Jugend aufbauen. Ich wollte aber in Wien bleiben und mein Studium beenden und nicht schon wieder in eine neue Emigration gehen. Außerdem wollte ich so schnell wie möglich zu meiner Wohnung kommen. Sonst hatte ich ja nichts in Wien. Sie haben gesagt: Das ist nur ein Job für sechs Monate, dann fährt ein anderer hin. Man muß in dieser Nazistadt unbedingt eine demokratische Jugendbewegung aufbauen. Ich habe mich schließlich der Parteidisziplin unterworfen und bin nach drei Wochen von Wien wieder abgereist. Habe die Wohnung fahrenlassen und das Studium fahrenlassen.

Es war eine ganz komische Art, wie mir die Österreicher nach der Rückkehr begegnet sind: Du weißt ja nichts. Du hast dich ja abgesetzt. Du weißt ja nicht, was wir hier leiden mußten. Du warst im sicheren England. Das hat man mir immer wieder vorgehalten. Ich habe geantwortet: Bei uns war es eine Frage auf Leben und Tod. Wäre ich hiergeblieben, hätte ich bald auch nicht mehr mitgekriegt, was hier vorgegangen ist.

Ich habe kaum Leute wiedergetroffen, die ich vor der Emigration gekannt habe. Offenbar war der Kreis, in dem meine Eltern sich bewegt haben, ein Kreis, den es nach 1945 nicht mehr gegeben hat. Die Leute, mit denen wir befreundet waren, waren alle verschwunden.

Aber ich hatte auch selber nicht das Bedürfnis, Menschen aus der Vorkriegszeit zu sehen. Mir bereitete diese Rückkehr ein unangenehmes Gefühl. Überhaupt nicht im Sinne von nachtragend oder haßerfüllt, sondern ich sah in den Menschen einfach diejenigen wieder, die damals am Heldenplatz standen und »Heil Hitler« schrien. Selbst bei denen, die freundlich mit mir waren. Dieses Gefühl bin ich bis heute nicht losgeworden, und deshalb fahre ich bei jeder Gelegenheit nach England. Weil ich in Österreich immer noch die Leute im Wirtshaus über die große Zeit reden höre: Kannst dich erinnern an den Polenfeldzug? Ich habe das Gefühl, meine Landsleute sind das eigentlich nicht mehr. Ich erlebe sie immer noch als eine andere Welt. Das ist mir geblieben, hat sicher mit dem Schock des Anschlusses zu tun und damit, daß mich England – ich war ja noch ein junges Mädchen – sehr geprägt hat. Ich habe mich dort bald völlig zu Hause gefühlt. Obwohl ich genau weiß, daß man reaktionärer als die Thatcher kaum noch sein kann, und daß dort die Kluft zwischen arm und reich sehr groß ist, viel ärger als bei uns. Alle diese Dinge sind mir bewußt, aber mit dem Herzen fühle ich mich nicht als Österreicherin. Ich habe mich nie wieder hier wirklich zu Hause gefühlt. Ich habe es als politische Aufgabe betrachtet zurückzukommen. Man muß zurückgehen und möglichst viel tun, damit es ein demokratisches Land wird. Seit dieses politische Pflichtgefühl wegfällt, sehe ich mein Leben hier mehr als Schicksal. Aussuchen würde ich es mir nicht mehr, wenn ich jetzt die Wahl hätte. Ich habe mich mit dieser Mentalität nie mehr anfreunden können. Ich sage es ungern, aber sie ist mir widerlich.

Der Waldheim verkörpert genau diese Mentalität des Verdrängens, des Vergessens, des Nicht-gewußt-Habens. Das habe ich von den Österreichern schon gleich nach meiner Rückkehr gehört. Wir haben ja nichts gewußt. Wir haben ja keine Ahnung gehabt. Aber sie haben zum Beispiel in der Umgebung von Mauthausen gelebt und haben es wissen müssen. Haben sich an der Hasenjagd beteiligt. Ihr im Ausland habt das ja gewußt, aber wir nicht, hieß es immer. Genau das habe ich dem Waldheim vorzuhalten, daß er mittendrin war und nichts gewußt hat.

Natürlich konnte man vor 1938 in Österreich schon wissen, was in Deutschland vorgeht, wenn man es wissen wollte. Meine Familie hat es jedenfalls gewußt, allein schon durch die Lektüre des *Prager*

Tagblatts. Viele andere haben es auch gewußt. Man konnte ja ausländische Zeitungen kaufen. Und sicherlich hätte jemand in der Diplomatenschule, wie der Herr Waldheim, sehr vieles erfahren können, wenn er sich für das Schicksal der Naziverfolgten interessiert hätte.

Nach meiner Rückkehr war jeder zweite plötzlich ein Widerstandskämpfer. Sie haben alle möglichen Papierln in der Hand gehabt, die das bewiesen haben. Dort hat er einen Freund gehabt, der hat ihm einen Stempel draufgegeben, und in dem Amt hat er einen anderen gehabt, der hat es bestätigt. Leute, von denen man konkret gewußt hat, daß sie bis zum letzten Tag das heilige deutsche Vaterland verteidigt haben, waren auf einmal Widerstandskämpfer. Da ist eine solche Korruption mit diesen Dingen getrieben worden. Der hat dem ein Kilo Schmalz vom Land gebracht, dafür hat er einen Stempel gekriegt. Diese Dinge haben mich zur Weißglut getrieben, als ich zurückgekommen bin. Man hat ja gewußt, die paar Menschen, die wirklich den Widerstand gemacht haben, die hat es fast immer erwischt, sind aufgehängt worden und hingerichtet. Die Leute, die Wien vor der totalen Zerstörung retten wollten, die haben sie aufgehängt. Diese Dinge haben wir gewußt und mit Besorgnis verfolgt, dann sind wir zurückgekommen, und jeder, den wir getroffen haben, hat gesagt: Du warst in der Emigration, aber ich war ein Widerstandskämpfer. Ununterbrochen ist mir das begegnet.

Die Inszenierung des Erinnerns und die Inszenierung des Vergessens

Der US-Botschafter Ronald Lauder sollte die Beziehungen zwischen Österreich und den USA wieder einrenken. Er sagte: »Die Situation ist sicherlich höchst kompliziert, aber keine Dauergefahr. Wir haben bei uns ein Sprichwort, ›Die Zeit heilt alle Wunden‹, und es ist sicher nur die Frage, wie rasch das gelingen wird.«

Der Mann hat sein Amt im richtigen Staat angetreten. In Österreich werden seit Jahrzehnten alle Wunden der Zeit überantwortet, besonders solche Wunden, die Zeit nicht heilen kann. Jetzt geht es nicht mehr einfach darum zu vergessen, sondern jetzt gilt es, das Nichtvergessenkönnen zu vergessen. In den USA mag das Vergessen eine zwangsläufige Folge multimedialer Moden und Konjunkturen sein. Wenn der millionenfache Mord durch das Volk der Dichter und Denker in Zusammenarbeit mit dem Volk der Walzerkönige, der unter dem Titel Holocaust nachinszeniert wurde, seine Wirkung getan hat, kann man vielleicht noch unter dem Titel World Jewish Congress einen Nachkonjunkturreiter anschließen, aber irgendwann brauchen die Medien neue Inszenierungen. Das Vergessen stellt sich von selbst ein. Was nicht in den Medien ist, ist nicht.

In Österreich ist das anders. Hier wird das Vergessen inszeniert. Staatlicherseits und durch die Medien. Das Vergessen ist hier nicht Abfallprodukt eines Geschäfts, sondern – auf Grund der persönlichen Verstrickung in das Thema des Vergessens – eine nationale Therapie, eine jahrzehntelang eingeübte Lebenskunst. Die Therapie ist zur Dauertherapie geworden, wie das bei Patienten vorzukommen pflegt, die nicht die nötige Kraft zur Heilung aufbringen und denen die Dauerbindung an den Therapeuten einen erträglichen Umgang mit der Krankheit sichert. Es gibt billige Volksvarianten. Mit dem täglichen Kauf der *Neuen Kronen Zeitung* ist man dabei.

Eine Dauertherapie leiert sich aus. Die Therapie des Vergessens muß ständig variiert werden, in der Substanz jedoch bleibt sie gleich. Demnach ist die Therapie nicht bei allen gleichermaßen wirksam. Da gibt es diejenigen, die während des Nationalsozialismus auf der anderen Seite standen, die verfolgt wurden, gefoltert, eingesperrt und ausgehungert. Sie sind gegen die Vergessenstherapie von Staat und Medien nicht nur gefeit, sondern sie reagieren allergisch darauf.

Für sie hat die Politik der Gefühle wohlumgrenzte Zirkel des Erinnerns geschaffen. Das sind zumeist Veranstaltungen, bei denen sie sich gegenseitig ihre antifaschistische Gesinnung beschwören können und sich gegenseitig die Illusion geben, sie seien ein gewichtiger Teil der österreichischen Öffentlichkeit. An den fünfzigsten Jahrestagen von 1988 bis 1995 hatten solche Veranstaltungen Konjunktur.

Den realen Akten des Vergessens werden symbolische Akte des Erinnerns gegenübergestellt. Das kann mitunter groteske Formen annehmen. So hat der damalige Minister für Unterricht, Kunst und Sport, Herbert Moritz, am 10. Juni 1986, also zwei Tage nach der Wahl von Waldheim zum Bundespräsidenten, ehemaligen Schülern des Wiener Stubenbastei-Gymnasiums, die im April 1938 aus rassischen Gründen aus der Schule geworfen wurden und dem Pogrom durch Emigration entkamen, die Ehrenmatura verliehen. Der Minister hat diese Auszeichnung eigens erfunden. Sie wurde unter anderem dem Nuklearphysiker Georges Temmer, dem Universitätsprofessor Egon Schwarz sowie dem damaligen Chefredakteur des US-Nachrichtenmagazins *Time* und späteren US-Botschafter in Wien, Henry Grunwald, verliehen. *Time* hatte eine Woche zuvor ihre Titelstory unserem Land gewidmet: »Austria. The Art of Forgetting.«

Von denen, die noch lebten, kamen nicht alle aus der Emigration zurück, um an diesem symbolischen Akt (oder soll man sagen: an dieser hinterlistigen Farce) teilzunehmen. Egon Schwarz, dem guten alten Mann, oblag es, in seiner Dankesrede die Realitäten wieder halbwegs geradezurücken.

»Es wäre aber unaufrichtig von mir«, sagte er, »wenn ich nicht erwähnte, daß etliche unserer ehemaligen Mitschüler nur deswegen nicht hier sind, weil sie es nicht *wollten*. Die einen haben sich nach den traumatischen Erlebnissen ihrer Jugend so entschlossen von ihren österreichischen Ursprüngen abgewandt und dem Aufbau einer neuen Existenz gewidmet, daß sie zu einem Eintauchen in die versunkene Vergangenheit keine Lust verspürten. Andere wieder, wir wollen es nicht verhehlen, verweigerten ihre Teilnahme aus noch heikleren Gründen. Sie fürchteten, durch die Annahme der ›Ehrenmatura‹ den Anschein einer Wiedergutmachung zu erwecken, die in keinem Verhältnis zu den Verunglimpfungen stehen konnte, die sie in ihrer Jugend erleiden mußten. Und manche verzichteten noch im letzten Augenblick auf die Mitwirkung an einem Akt, der ihrer Meinung nach von gewissen politischen Manifestationen der letzten Monate sozusagen Lügen gestraft wurde.«

Doch diese Manifestationen waren nicht beschränkt auf den Waldheim-Wahlkampf. Sie hatten eine breite Basis, die den Wahlkampf erst möglich machte. Die österreichischen Inszenierungen des Vergessens sind auch für jede Hilfe aus der Bundesrepublik Deutschland dankbar.

»Das arme deutsche Reich, für das Hitler verabsäumt hatte, das Dach zu bauen.« Dieser Ausspruch fällt in einer sechsteiligen Fernsehserie, die der ORF mitproduziert hat, angesichts der Luftangriffe auf deutsche Städte. Die Haltung dieses Satzes ist nicht nur typisch für die Serie, in der solche Kommentare vielfach variiert wurden, sondern die ganze Serie ist Produkt jenes gefälligen, kuhäugigen Umgangs mit unserer Geschichte, der unter »Befreiung« tatsächlich nur die Befreiung von den Bombennächten versteht, und aus dem heraus sich nicht das geringste Kriterium ergibt, warum man einen heimkehrenden SS-Obersturmbannführer nicht begrüßen sollte. Die Fernsehserie heißt *Die Deutschen im Zweiten Weltkrieg*, der geschichtskritische Beitrag des ORF beschränkte sich darauf, dasselbe Produkt unter dem Titel *Der 2. Weltkrieg* auszustrahlen.

Man kann – und dies ist leider in der zweiten Republik Österreichs sehr schnell üblich geworden – die Vergangenheit so darstellen, daß sie in der Darstellung selbst erledigt wird. Vergangenheitsbewältigung wird das genannt. Da kein Mensch und keine Gesellschaft in der Traditionslosigkeit leben kann, wird das Schweigen über unsere Abkunft auf eine Weise durchbrochen, daß das jüngst Vergangene gewaltsam in eine Distanz gerückt wird, in der es nur mehr als das ganz Andere, als die Exotik der Erinnerung aufscheint, aber nicht mehr als das Beunruhigende der Gegenwart, als aktueller geschichtlicher Auftrag. Nur in einer solchen kulturellen und politischen Strategie des Erinnerns um des Erinnerungsverlustes willen ist es möglich, daß, wie in der zitierten Fernsehserie, der Nationalsozialismus nicht als Grundlage des Zweiten Weltkriegs dargestellt wird, sondern als innenpolitisches Anhängsel von militärischen Strategien, das deren vernünftiger Durchführung letztlich zuwiderlief. Hätte sich nicht – so der Tenor – die niedere Kultur des Nationalsozialismus in die hohe deutsche Kriegskultur eingemengt, wir hätten den Krieg auf das Ausmaß des Machbaren begrenzt – und gewonnen.

Dabei waren der Krieg nach innen (»Judenfrage«) und der Krieg nach außen (»Lebensraumfrage«) schon seit den zwanziger Jahren in der nationalsozialistischen Ideologie miteinander verbunden. »Mit dem Krieg«, schreibt Hans Ulrich Thamer, »fanden Hitler und der Nationalsozialismus gleichsam zu sich selbst.«

Nicht der Nationalsozialismus, der Krieg ist jener virulente Stachel, jenes Unabgegoltene der Erinnerung, das es auch fünfzig Jahre später im Mantel des Schweigens nicht aushalten kann und nach einer sogenannten Bewältigung ruft, denn im Krieg wurden die Menschen, die die politische Kultur des Nationalsozialismus trugen, selbst zu Opfern. Die Trennung von Faschismus und Krieg hilft ihnen verschleiern, daß sie nicht nur Opfer von Fliegerbomben und Granatwerfern wurden, sondern vor allem Opfer ihres eigenen geschichtlichen Tuns.

Was als Schutzmechanismus für den Lebensvollzug der damals Beteiligten zumindest erklärbar ist, wird von der neokonservativen Geschichtsschreibung mit der Dignität der historischen Erkenntnis versehen. »Der Zweite Weltkrieg«, schrieb der Wiener Historiker Lothar Höbelt am 18. Oktober 1986 in der *Presse*, »war ein prägendes Erlebnis, doch der Nationalsozialismus eine ephemere Bewegung.«

Die deutsche Diskussion über die Einmaligkeit der nationalsozialistischen Verbrechen kam den mit der Rettung des Ansehens von Kurt Waldheim befaßten Politikern, Historikern und Publizisten gerade recht. Von den deutschen Historikern E. Nolte, A. Hillgruber, K. Hildebrand und J. Fest übernahmen sie die zentrale Strategie der Entlastung des Nationalsozialismus durch dessen historische Relativierung. Die These von der Singularität der nationalsozialistischen Verbrechen, meint Höbelt, sei nicht nur falsch, sondern sie bilde geradezu »einen posthumen Triumph Goebbelsscher Propaganda«. Da natürlich keiner Goebbels diesen posthumen Triumph gönnen will, ist die Relativierung, der entlastende Vergleich, auch in Österreich zur Lieblingsperspektive bei der Betrachtung der eigenen Vergangenheit geworden. Bei uns ist sie sogar eine Art Staatsdoktrin, da es auch der frühere Bundespräsident Rudolf Kirchschläger nicht lassen konnte, den Waldheim-Kritikern entgegenzuhalten, »daß wohl keine der europäischen Nationen – und wohl Amerika mit eingeschlossen – die Vergangenheit ganz bewältigt hat«. Dieser diplomatische Satz von höchster Stelle wurde gut verstanden.

Theodor Faulhaber ist da schon konkreter: »Man wird uns noch einige Zeit für Nazis, Antisemiten und Heuchler halten, für eine perfide Bande, die den Badenweiler grölt, verbrämt mit Donauwalzer und Alpenjodler. Das wird ein Teil der Amerikaner tun, an deren Geburtsstunde der Völkermord an den nordamerikanischen Indianern stand, das wird ein Teil der Briten tun, deren Konzentrationslager im Burenkrieg bekanntlich bessere Mädchenpensionate gewesen sind, das wird ein Teil der Franzosen tun, die dem Rechtsradikalen Le Pen zu einem beachtlichen Höhenflug verholfen haben und in deren Land immerhin rassistisch motivierte Morde stattfinden, und das wird ein Teil der Israelis tun, die das, was sie für sich in Anspruch nehmen, ihrem Nachbarvolk mit zweifelhaften Methoden verwehren: den eigenen Staat.«

Ein wahres Wundermittel von einem Argument. Zwar ist es die ungeeignetste, um nicht zu sagen blödeste Antwort auf jene Kritik, die den Österreichern vorwirft, ihre Vergangenheit zu verharmlosen, weil es diese Kritik nur bestätigt, aber es hat für denjenigen, der es verwendet, den Vorteil, daß es ihm seine selbstgefällige Kuhäugigkeit wieder zurückgibt. Gegen die geballte Ladung historischer Völkerschuld ist unsere Mitschuld ein Furz. So läßt Theodor Faulhaber die hunderttausend Illegalen wie ein kleines Häuflein wirken und erklärt den Einmarschjubel zur substanzlosen Oberfläche, um sich schließlich zu der wahrhaft metaphysischen These zu versteigen, »daß Österreich als solches Opfer war, daß aber auch viele Österreicher Täter waren – großteils allerdings gezwungen«. Diese These ist so wohlfeil, daß man in Hinkunft auch von Deutschland als einem Opfer wird sprechen müssen, was Faulhaber auch nicht in Abrede stellt.

Eines sollte ihn im nachhinein freilich irritieren. Was die »rassistisch motivierten Morde« betrifft, da blicken mittlerweile die Franzosen wohl eher zu uns.

In Österreich hat sich die neokonservative Vergleichsmanie noch eine spezifische Entlastungsstrategie gegenüber Deutschland zurechtgelegt. Die Tatsache, daß Österreich sieben Jahre lang genauso ein nationalsozialistisches Land war wie Deutschland, daß der Nationalsozialismus nicht nur die politischen Führungskader, sondern das Land als Ganzes erfaßt hatte, wird unter Berufung auf die andere Entstehungsgeschichte relativiert. Diese Strategie hat im intellektuellen Aufbau der Waldheim-Werbung eine große Rolle gespielt.

Das stärkste Argument zur Entlastung von Waldheim fand die ÖVP in dem Hinweis, daß der Kandidat aus einem »vaterländischen« Elternhaus komme, das heißt: Sein Vater war Anhänger des Dollfuß- und Schuschnigg-Regimes. Man drehte den Spieß um. Andreas Khol, Tiroler ÖVP-Mandatar und später Klubobmann der Partei, sprach es unverblümt aus: »So wie Österreich als Land, so war auch Kurt Waldheim ohne Zweifel ein Opfer des Nationalsozialismus.«

Kurz danach begann die große Koalition zu funktionieren. Peter Jankowitsch, der SPÖ-Außenminister während des Waldheim-Wahlkampfes, versuchte durch ein Rundschreiben die Historiker gegen ihren britischen Kollegen Robert Knight aufzubringen, der es gewagt hatte, im *Times Literary Supplement* den Österreichern eine Mitläufer- und Mittäterschaft am Nationalsozialismus zu bescheinigen. Bislang hatte selbst die ÖVP dafür Verständnis gehabt, daß die Alliierten Österreich nicht zur Gänze von der Mitschuld entlasten konnten. In der oben erwähnten Broschüre nennt Georg Wagner (*Gründung der Zweiten Republik*) als erschwerend die Tatsachen, daß im Ausland keine österreichische Exilregierung zustande kam und daß von den führenden Männern des austrofaschistischen Regimes nur wenige ins Ausland flohen, nicht einmal der Regierungschef Schuschnigg. Was das nunmehr zum heldenhaften Widerstand verklärte Verhalten der damaligen österreichischen Staatsmacht betrifft, so wußte Georg Wagner noch folgendes zu berichten: »Schuschnigg verwehrte (...) jeden Akt selbst symbolischen Widerstands gegen die einrückende deutsche Wehrmacht (dabei hätte man, wie zum Beispiel General Bornemann begründet meint, an der Traun wohl 4 bis 8 Tage Widerstand leisten können, soviel Munition hatte man; die eilig in Marsch gesetzten 40 000 Mann der Wehrmacht hatten kaum Munition und zuwenig Sprit; ein stümperhafter Einmarsch. Österreich wäre dann in einer ganz anderen Lage gewesen: Exilregierung usw. ...).« Und das, wie gesagt, in einer Selbstdarstellung der ÖVP.

Wahrscheinlich wäre militärischer Widerstand gegen die Nationalsozialisten erfolglos gewesen. Sicher ist das durchaus nicht. Die österreichischen Politiker reden gerne von einem überfallenen Land, dem 1938 kein Staat zu Hilfe gekommen sei. Vielleicht sind gar jene anderen Staaten, die uns jetzt an unsere Vergangenheit erinnern, schuld daran, daß Österreich nationalsozialistisch wurde. Als unser Land, so beschrieb Bundespräsident Kurt Waldheim im Mai 1987 den Anschluß, »schließlich dem immer stärker werdenden Druck unterlag, haben die internationale Staatengemeinschaft und der Völkerbund Österreich wegschauend im Stich gelassen«. Wieso aber sollten die ausgerechnet einem Land helfen, dessen Volk begeistert seine »Besetzer« begrüßt? Wieso sollten die Demokratien eine Diktatur retten, deren Bevölkerung zu einer anderen Diktatur überlief?

Die ganze Woche, die größte österreichische Wochenzeitung, der von der Media-Analyse an die 2 Millionen Leser bescheinigt werden, druckte im Oktober und November 1986 eine Serie des ehemaligen Illegalen und SS-Mannes Reinhard Spitzy unter dem Titel: »So haben wir das Reich verspielt. Ein Österreicher erlebte Hitlers Politik als Sekretär von Ribbentrop hautnah mit.« Der »alte Kämpfer« mit der Parteinummer 521 591 (Parteieintritt 1931), der bis heute nicht allzuviel dazugelernt hat, war beim Einmarsch der Nationalsozialisten in seiner ungeliebten Heimat dabei. Seine Erinnerung ist natürlich einseitig, weil sie alle jene ausschließt, die nicht auf den Straßen waren, die – wie Ilse M. Aschner – zu Hause vor den Radiogeräten weinten. Dennoch lohnt es, sie ausführlich zu zitieren. Es begann mit dem Grenzübertritt bei Braunau und einer Rede des dortigen Bürgermeisters.

»Hitler hörte ergriffen zu, drückte dem Bürgermeister beide Hände, und nun wischten sich alle die Augen, die Bauern und Bürger, die Soldaten, die Generalität – sogar die Polizei. Nur Hitler konnte sich beherrschen. Aber man merkte die tiefe, innere Bewegung an diesem seinem größten Tag.

Weiter ging unser Zug in Richtung Linz. Rechts und links stand Bundesheer neben den Straßen. Die Soldaten winkten, grüßten und standen herum wie bestellt und nicht abgeholt. Die Bevölkerung aber drängte sich an die Wagen heran, die Männer strahlten und schrien, die Frauen vor allem jubelten oder weinten vor Begeisterung und hoben ihre Kinder hoch. Es war ein Triumph ohnegleichen.

Hitler stand wie aus Holz geschnitzt vorne in seinem langsam fahrenden Wagen und grüßte, grüßte, grüßte. Unfaßbar, daß er dies bis Linz durchhielt. Eine unendliche Fülle von Blumensträußen legte man auf sein Auto, das nicht einen Bruchteil davon fassen konnte, und sie fielen auf der anderen Seite wieder hinunter. In größeren Orten waren Musikkapellen angetreten, aber man sah an den aufgeblasenen Backen, daß sie spielten, denn jeder Ton ging in dem gewaltigen Aufschrei der Befreiung von der Schuschnigg-Diktatur unter. Doch alles das war nicht zu vergleichen mit dem Empfang in Linz! Straßen, Dächer, Balkone, Fenster, ja sogar die Bäume und Laternen waren voll mit Menschen. Von der Pestsäule auf dem Hauptplatz konnte man die Konturen nur mehr ahnen. Die Leute schrien, ja sie sprangen vor Begeisterung, und unsere Trommelfelle hatten einiges auszuhalten. (...) Nachmittags empfing er die alten Kämpfer der Bewegung in Österreich, und am nächsten Tag begann die unbeschreibliche Triumphfahrt nach Wien. Von Linz über Amstetten gelangten wir, frenetisch bejubelt, an die Donau bei Melk, der klerikalen Hochburg.

Da sah ich Pfarrer und Nonnen mit solcher Begeisterung aus den Fenstern winken, daß ich fürchtete, sie würden das Gleichgewicht verlieren. (...) Die Wiener überschlugen sich schier vor Begeisterung. Unvergeßlich der Anblick der Mariahilferstraße! Die Dächer waren voll besetzt, die Fenster vollgepfropft. Ganze Trauben von Menschen hingen irgendwie an den Häusern und Fassaden. Alle Balkone waren überfüllt. Die Bewohner der äußeren Bezirke waren ins Zentrum geeilt, die Häuser außerhalb wirkten entvölkert. Es war beängstigend. Auf den Straßen und Plätzen erfüllte die Luft ein ohrenbetäubendes Jubeln. Das konnten nicht lauter ›Herr Karls‹, das konnten nicht nur Opportunisten, gezwungene oder gequälte Österreicher gewesen sein, die da im Rausch mit Begeisterung jubelten. (...) Bis zum Abend trafen noch ungezählte Gratulationen ein. Es war oft erstaunlich, wer die Absender waren. Alle Bischöfe Österreichs und der Staatskanzler Renner gratulierten; prominente Sozialisten fehlten nicht, und dazu gab es natürlich eine Menge neubegeisterter ›Adabeis‹. Vor dem Hotel staute sich die Menschenmenge und rief ohne Unterlaß: ›Wir wollen unseren Führer sehen!‹

Am nächsten Tag, es war der 15. März, erlebten wir auf dem Heldenplatz vom Balkon der Hofburg die ungeheure Kundgebung und die Rede Hitlers, mit welcher er den ›Eintritt seiner Heimat in das Deutsche Reich‹ meldete. Ich hatte dort schon viele Kundgebungen mitgemacht, nie aber war der riesige Platz bis auf den letzten Quadratmeter besetzt gewesen. Dieser Enthusiasmus war echt, war grenzenlos; unsere Ohren schmerzten vom Jubellärm. (...) Meine Eltern waren noch immer nicht mit Hitler einverstanden. Dazu hatten sie zuviel Charakter. Doch sie sagten, (...) Bundespräsident Miklas und Kardinal Innitzer seien nun auch für den Anschluß, und daher sei es auch ihre Pflicht, nicht abseits zu stehen.«

Ich glaube nicht, daß diese Darstellung der Weisheit letzter Schluß ist, zumal Spitzy damit auch sein damaliges Mitläufertum entlastet. Aber ich kann mir vorstellen, daß der Einmarsch von einem Illegalen so wahrgenommen werden konnte, da ja tatsächlich keinerlei Widerstand sichtbar war. Hätte Österreich irgendeine Form des sichtbaren Widerstands wenigstens versucht, vielleicht hätten uns andere Länder dann auch geholfen. Ganz sicher jedoch hätten innere Widerstandsformen entwickelt und propagiert werden müssen, damit wenigstens das Plebiszit nicht so reibungslos hätte über die Bühnen gebracht werden können.

Eine Partei rinnt aus, eine andere plustert sich auf

Nach dem ersten Präsidentschaftswahlgang beschloß die SPÖ, von nun an kein Wort mehr zu Waldheims (und damit Österreichs) Vergangenheit zu sagen. Die SPÖ versuchte Antinazismus hervorzukehren, solange sie die Chance sah, dadurch Waldheim zu schaden. Sie ließ diese Haltung, als sich das Gegenteil herausstellte, sofort wieder fallen. Aber da war es plötzlich doppelt zu spät. Der Antinazismus war nicht glaubwürdig für eine Partei, die in den letzten Jahrzehnten immer, wenn sich das Problem einer faschistischen Personalkontinuität stellte, auf der anderen Seite stand und mit Denunzierungen der Kritiker (z.B. Simon Wiesenthal) nicht zimperlich war. Die Anbiederung an die Einmal-muß-Schluß-sein-Mentalität war nicht glaubwürdig, da die anfängliche Unterstützung der Waldheim-Kritik allzu deutlich war. Warum ist Bundeskanzler Sinowatz nach dem Sieg Waldheims eigentlich zurückgetreten? Eine pointierte Antwort würde lauten: Weil er Waldheim einen »sorglosen Umgang mit der Wahrheit« vorgeworfen hat. Natürlich gab es noch eine Menge anderer Faktoren, die das Ansehen der SPÖ ramponiert haben, aber vorbereitet wurde dieses Kapitel sozialdemokratischer »Wende« in Österreich durch die Thematisierung der Vergangenheit im Waldheim-Wahlkampf. Ein Thema politischer Grundsätze ist zum Spielgeld bloßer Wahltaktik verkommen.

Dabei hätte sich 1986 für die SPÖ die einmalige Chance geboten, öffentlich über die Vergangenheit zu streiten, ohne in den Anlaß parteipolitisch oder machtpolitisch involviert zu sein. Nach vierzig Jahren systematischer Ausschaltung der linkssozialistisch-antinazistischen Kräfte hätte sie die Chance gehabt, den Kardinalfehler der Zweiten Republik und damit ihr eigenes Grundsatzproblem in Angriff zu nehmen. Der Preis für politische Anständigkeit war ihr zu hoch: vier Jahre Oppositionsbank. Statt dessen hat die SPÖ sich bemüht, in jenem Nebel, der sich hinter Waldheim aufgetan hat, einen Platz zu finden. Wenn die offizielle Politik der SPÖ sich nur eine Spur von ihrem alten Selbstverständnis als politisch-kultureller Emanzipationsbewegung bewahrt hätte, wäre der Rücktritt von Sinowatz gerade in dieser Situation nicht in Frage gekommen. Man bedenke nur, wie rigoros die Sozialdemokraten in der Ersten Republik der im Vergleich zum Nationalsozialismus harmlosen monarchistischen Vergangenheit gegenübergetreten sind! Dagegen gleicht das politische Verhalten der SPÖ im Waldheim-Wahlkampf einem Lausbubenstreich.

Wenn auf politisch-kulturellem Gebiet Antifaschismus nicht mehr durchzustehen ist, dann kommt es auf dem traditionellen Gebiet der Kompromisse, nämlich in der Ökonomie, auf die Richtung schon gar nicht mehr an. An seinem ersten Tag als Bundeskanzler erklärte der ehemalige Bankdirektor Franz Vranitzky, daß es langfristig zwischen betriebswirtschaftlichen und volkswirtschaftlichen Interessen keinen Unterschied gäbe. Das Interesse des Kapitalismus und das Interesse des Volks sollen nunmehr identisch sein. In der ersten Pressekonferenz seiner Regierung, am 13. Juni 1986, nannte Vranitzky das neue Programm: »Leistungsorientierung, Effizienz und Modernisierung.« Auf die Frage des *Spiegel*-Korrespondenten, ob das noch sozialistisch sei, antwortete Vranitzky: »Wenn sich Konservative unserer Parolen bemächtigen, sind sie herzlich eingeladen.«

Schon vor Vranitzkys Regierungsantritt mußte das System Sozialpartnerschaft (ein ausgeklügeltes Zusammenspiel von Vertretern der Arbeitgeber, der Arbeitnehmer und der Regierung) eine empfindliche Niederlage hinnehmen. Die Sozialpartner waren sich einig gewesen, in den Donauauen bei Hainburg, trotz eines massiven Widerstands von Bürgerinitiativen, ein Kraftwerk zu bauen. Der Auwald wurde besetzt. Wie schon einige Jahre zuvor bei der Abstimmung über das Atomkraftwerk Zwentendorf, fand sich wieder ein breites Spektrum von Gegnern zusammen, die zum Teil hohe Reputation besaßen, denen aber eines fehlte, die Lobby in der Sozialpartnerschaft.

Hatte bei der Zwentendorf-Abstimmung die ÖVP, entgegen den Bestrebungen ihres eigenen Wirtschaftsbundes, die Situation dazu benutzen wollen, Kreiskys SPÖ-Alleinregierung zu stürzen, so fanden die Gegner des Kraftwerks von Hainburg unerwartete Unterstützung von anderer Seite. Diesmal war es die *Neue Kronen Zeitung*, die die Machtfrage stellte. Und sie gewann. Niemand sonst als die *Neue Kronen Zeitung* war der Grund dafür, daß es der damalige Innenminister Karl Blecha bei den polizeistaatlichen Methoden der Au-Räumung an nötiger Durchhaltekraft fehlen ließ. Auch die Wochenzeitschrift *Profil* hatte sich damals auf die Seite der Besetzer gestellt und in einer Sondernummer über die Brutalitäten des Polizeieinsatzes in der Au berichtet. Über *Profil* sowie über alle anderen Zeitungen hätte sich die Regierung hinweggesetzt. Nicht jedoch über die *Neue Kronen Zeitung*. Sie wurde damals schon von einem Drittel aller Österreicher gelesen, und sie stand, schon von ihrer Gründungsgeschichte her, in einem traditionellen Naheverhältnis zum Österreichischen Gewerkschaftsbund. In der sozialistischen Arbeiterschaft war ihre Verbreitung um ein Vielfaches größer als die der *Arbeiterzeitung*. Ihre Kampagne auf seiten der Au-Besetzer gegen das Kraftwerk Hainburg war nicht nur eine Machtprobe mit dem Gewerkschaftsbund, es war eine Herausforderung des österreichischen Staatsgefüges. Kein noch so heftiger Widerstand im Auwald hätte so schwerwiegende politische Folgen gehabt. Der Befehl zur Au-Räumung, so wird hartnäckig kolportiert, sei direkt aus der Gewerkschaftszentrale gekommen, von Anton Benya, dem damaligen Gewerkschaftsboß und Präsidenten des Nationalrats. Erstmals war das bis dahin klaglose Funktionieren der Sozialpartnerschaft am mächtigsten Medium des Landes gescheitert.

Die SPÖ hat diese Lektion schnell gelernt. Will man wissen, wie die österreichische Geschichte weiterging, muß man nur in den letzten Jahrgängen der *Neuen Kronen Zeitung* nachblättern, um zu sehen, welche politischen Kampagnen von diesem Medium geführt wurden. Sie waren fast immer erfolgreich. Heute ist es so weit, daß die Pressesprecher der SPÖ und des Bundeskanzleramtes regelmäßig zusammenkommen, um darüber nachzudenken, wie sich anstehende Regierungsgeschäfte »kronenzeitungsgerecht« umsetzen lassen.

Daß die *Neue Kronen Zeitung* in den letzten Jahren häufig auf der Seite Jörg Haiders stand, ist mit ein Grund, warum die Regierung gegenüber den Hetzkampagnen Jörg Haiders so nachgiebig war. Vielfach wird behauptet, die österreichischen Ausländergesetze, die strengsten Europas, seien Innenminister Löschnak von Jörg Haider diktiert worden. Das stimmt nicht. Zuerst mußten die Forderungen in der *Neuen Kronen Zeitung* stehen, dann erst war Haiders »bester Mann in der Regierung«, wie er ihn höhnisch nannte, bereit, sie aufzugreifen.

Franz Vranitzky trat die Regierung mit einem Programm für die Mittelschichten an. Obwohl in Reagans USA und in Thatchers Großbritannien die Folgen des Neoliberalismus damals schon offensichtlich waren, erfaßte der neue kapitalistische Taumel mit Verspätung auch Österreich. Die ÖVP drängte vehement auf die Privatisierung der verstaatlichten Industrie. Die SPÖ meinte angesichts der notorischen Krise der Schwerindustrie in der Arbeiterschaft eine aussterbende Klasse zu erkennen und wandte sich dem Mittelstand zu. Dem neuen Bundeskanzler Franz Vranitzky, der zuvor mit Staatsgeldern eine Bank saniert hatte, wurde von den Medien der Nimbus des Krisenmanagers, des »Machers« verpaßt, der die zerrüttete Ökonomie mit eisern durchgezogenen Konzepten wieder auf Vordermann bringen werde.

»Leistungsorientierung, Effizienz, Modernisierung.« Ein Programm, zugeschnitten auf die Wünsche des neuen Aufsteigertypus, der schon gierig darauf wartete, daß endlich die Wiener Börse aus ihrem Dornröschenschlaf erwacht. Die traditionell einflußreichen Gewerkschaftsfunktionäre, die noch immer ihren sauren Brünnerstraßler tranken, wurden in den Hintergrund gedrängt. In der SPÖ hatte nun die Toskana-Fraktion das Sagen. Mit Josef Cap wurde ein wendiger Parteisekretär bestellt, der schon dem äußeren Habitus nach keinen Zweifel daran ließ, daß er entschlossen war, den Mittelstandsfetischismus des neuen Kanzler-Beraters Joseph Huber auch umzusetzen. Überhaupt wurde »die Mitte« zum neuen Schlagwort. Wenn es gelingt, die Mitte zu stabilisieren, kann man die rechten und linken Ränder getrost vernachlässigen, hieß das neue Credo. Es dauerte nicht lange, und schon trugen die Hauptschullehrer ihre Ersparnisse auf die Wiener Börse. Wie man das macht, war damals in allen Zeitungen nachzulesen.

Die SPÖ war von der ÖVP wirtschaftspolitisch nur mehr in Nuancen zu unterscheiden. Immer noch gab es in dieser Partei »traditionelle« Kräfte, die beim Privatisierungsprogramm bremsten oder sogenannte »wohlerworbene Rechte« verteidigten, auch wenn sie gegenüber anderen Arbeitern längst Privilegien waren. Aber der

Hauptzug fuhr auf den Geleisen, die Reagan und Thatcher gelegt hatten. Eine große Steuerreform mußte her, um die höheren Einkommen und die Wirtschaft zu entlasten. Ach was, Budget. Hauptsache, es wird wieder investiert.

Am Ende der Koalitionsverhandlungen legte der Ehrenvorsitzende der SPÖ, Bruno Kreisky, alle seine Parteifunktionen nieder. Schon vorher hatte er den Rücktritt von Sinowatz kritisiert: »Man verhilft der anderen Partei, in dem Fall der ÖVP, nicht zu einem Doppeltriumph, indem man gleich das Handtuch wirft.« Und er kritisierte den neuen Kanzler Vranitzky: »Ich bin zum Beispiel nicht der Meinung, daß er sich bei der Verstaatlichung richtig verhalten hat. Man hätte die Verpflichtung zur Solidarität mit den Arbeitern und Angestellten der Verstaatlichten so rasch nicht preisgeben dürfen. Man hätte nicht den Eindruck erwecken dürfen, daß man vorbehaltlos auf der Seite der Manager steht.«

In seiner Pension hat Kreisky dann Zeit gefunden, über politische Positionen seiner Partei nachzudenken. Das Ergebnis war nicht gerade selbstkritisch, aber es beinhaltete politische Grundsätze, die man aus den regierenden SPÖ-Kreisen nicht mehr zu hören bekam. Mit gutem Willen kann man folgende Sätze aus seiner Autobiographie (*Zwischen den Zeiten, Erinnerungen aus fünf Jahrzehnten*) auch selbstkritisch deuten: »Zu den ideologischen Grundsätzen meiner Jugend gehörte die These von der Einheit von Theorie und Praxis. Heute würde ich sagen, daß die sozialdemokratische Praxis von allem Anfang an der Theorie davongelaufen ist.« Am Ende der Koalitionsverhandlungen mit der ÖVP im Jänner 1987 war die Praxis der SPÖ ihrer Theorie so weit davongelaufen, daß Kreisky nicht mehr mitkonnte: »Der Bankdirektoren-Flügel hat in Österreich gezeigt, wer wirklich über die SPÖ regiert (...) Jetzt ist wieder die Clique am Werk. (...) Wenn es um das Schicksal des Landes geht – da muß man den Mut haben, die Dinge beim Namen zu nennen. Denn es geht nach meiner Meinung um das Schicksal des Landes.« Vranitzky, so Kreisky in einem anderen Interview, habe »nur die Wünsche der Bürgerlichen erfüllt. (...) Das werden die österreichischen Arbeitnehmer teuer zu bezahlen haben.«

Und doch war Vranitzky kein Vertreter des Wende-Wertkonservatismus. Was hielt er ihm entgegen? Die Ästhetik der Funktionalität. Die Schönheit eines marktwirtschaftlichen Getriebes, dem man freien Lauf läßt. Dieses Getriebe kann ohne religiöse Werte gut auskommen. Die Ästhetik der Funktionalität gibt sich nicht mit Verzopftem ab. Sie interessiert sich für die Marktwirtschaft, für den Menschen als wirtschaftlichen Kalkulationsfaktor, und überläßt den Wust von ideologischen und ästhetischen Vorurteilen, der diesen überlagert, gerne dem Koalitionspartner. Die traditionelle Ideologie der SPÖ, deren eine programmatische Säule die Kritik der politischen Ökonomie war, galt plötzlich als völlig veraltet. Modernisierung meinte Abstreifen von politischen Grundsätzen zugunsten eines wirtschaftlichen und ästhetischen Pragmatismus. Aber das war in Wirklichkeit nichts anderes als die Kapitulation vor jenen ökonomischen Mächten, die man ein Jahrhundert lang vergeblich im Zaum zu halten versucht hat.

Die Mentalität des privaten Egoismus, der die SPÖ auch vorher nur halbherzig entgegengetreten war, wurden die Zügel gelockert. Diese Mentalität wurde von der ökonomischen Wirklichkeit immer produziert, auch in der sozialdemokratischen Ära. Sie hatte zwar eine umfangreiche Praxis, aber keine offizielle Sprache in der SPÖ. Das hat sich geändert. Politik tritt den realen Verhältnissen nicht mehr ordnend entgegen, sie reagiert nur noch auf die von Markt und Medien produzierte Gefühlslage. Soziale Gerechtigkeit ist kein Ziel mehr, auf das Politik bewußt hinarbeitet, sondern eine erhoffte Folge, die sich einstellen soll wie die Erlösung nach einem dreckigen Leben. Das große Ziel der Sozialdemokratie wird damit nicht aus dem politischen Vokabular gestrichen, es wird nur umgesiedelt von der Ebene konkreter Politik auf die des Schicksals.

Diese Politik wäre vielleicht noch eine Zeitlang gutgegangen, hätte sich nicht jemand gefunden, der den von der SPÖ vernachlässigten Unterschichten gesagt hätte, wer ihre Feinde sind: Die »Bonzen«, die »Parasiten«, die »Sozialschmarotzer« und vor allem die »Ausländer«. In ihrer Mittelstandsorientierung und in ihrer satten Selbstgewißheit, daß es für ihre Stammwähler keine Alternative gebe, war der SPÖ das Sensorium für die unteren Einkommensschichten verlorengegangen, in denen sich neue Kämpfe um Arbeitsplätze, Wohnungen und Lebenschancen anbahnten. Daß es Haider gelingen konnte, bei vielen Menschen den Anschein von sozialer Kompetenz zu erwecken, indem er ihren berechtigten Sorgen und Ängsten Feindbilder verpaßte, hat sich die SPÖ selbst zuzuschreiben. Aber anstatt spätestens bei den Wahlen 1990, als die FPÖ 16,63 Prozent der Stimmen (33 Mandate) erreichte, aufzuwachen und der neuen Stimmungslage mit kompetenten Sozialprogrammen entgegenzutreten, verhielt sie sich, als wären die »Ausländer« wirklich die Feinde der »fleißigen kleinen Leute«. Die Reaktion der Regierung auf das Anti-Ausländer-Volksbegehren war in Wirklichkeit eine Bestätigung von Haiders Weltbild. Anstatt ein vernünftiges Einwanderungsgesetz zu schaffen, wurden neue Fremdengesetze, Asylgesetze und Aufenthaltsgesetze fabriziert, die so restriktiv sind, daß sie der ständigen Kritik des UNO-Hochkommissariats für Flüchtlinge ausgesetzt sind. Auf diesem Weg waren die Ursachen der sozialen Probleme in Österreich nicht zu beseitigen. Im Gegenteil. Es wurden ja nicht nur rassistische Vorurteile mit der Würde der Legalität ausgestattet, sondern es wurden dabei gleichzeitig Zehntausende von Menschen in die Illegalität gedrängt – mit sozialen Folgen, die heute noch nicht ausmachbar sind. Die einen Ausländer, so muß sich ein nüchterner Beobachter sagen, sind offenbar minderwertig, sonst würde ihnen der Staat nicht wichtige Sozialleistungen vorenthalten, die anderen sind offenbar Kriminelle, sonst würden sie nicht jeden Behördenkontakt meiden. Wenn das das Ergebnis des Innsbrucker Parteitages der FPÖ ist, dann kann man mit Fug und Recht sagen, Haider war erfolgreich. Bei der Nationalratswahl 1994 erreichte seine in »F-Bewegung« umgetaufte Partei 42 Mandate, oder 22,5 Prozent der abgegebenen Stimmen.

Wir und der Nationalsozialismus

Welcher Fernsehkritiker würde sich nicht lächerlich machen, wenn er statt des Programms vom Vorabend eine Sendung von vor zwanzig Jahren bespricht. Die Antifaschisten stehen heute in dieser Lächerlichkeit. Sie gelten als so veraltet wie die Ereignisse, auf die sie sich beziehen. Wie antiquierte Wanderprediger versuchen sie die Aufmerksamkeit auf Ereignisse zu lenken, für die das Sensorium verlorengegangen ist. Sie erreichen nicht viel mehr als den Zuspruch ihrer Gesinnungsgenossen. Für die anderen mögen sie, wenn es hoch kommt, einen gewissen Unterhaltungswert bei Gedenkanlässen haben.

Ich erinnere mich an den Dialog einer Fernsehdiskussion, an der der damalige Wissenschaftsminister Heinz Fischer, der Autor Michael Scharang und die Journalistin Pia Maria Plechl teilnahmen. Scharang, der den Begriff Faschismus auf die Zweite Republik angewendet hatte, wurde von Fischer belehrt, er sollte mit dem Begriff vorsichtiger umgehen, denn er bezeichne das »unmenschliche, teuflische System« vor der Zweiten Republik. Scharang erzählte dann von den despotischen Schulverhältnissen, die er in den fünfziger Jahren erlebt hat, als die Nazi-Lehrer zurückgekommen sind. Frau Plechl sagte abwehrend, das habe sie in ihrer ganzen Schulzeit nicht erlebt, und die sei unter dem Nationalsozialismus gewesen. Es fiel ihr nicht auf, daß sie ungewollt Fischer widersprach.

Denkt man an den Nationalsozialismus, hat man unwillkürlich die Idee eines Monstrums im Kopf. Nur die Idee und eine Fülle von Detailbildern, aber kein Gesamtbild, weil es für das Blut von Millionen abgeschlachteter Menschen keine adäquate Gesamtvorstellung gibt. Das heißt, man denkt an die Folgen.

Diese für die Nachgeborenen naheliegende Zugangsweise ist insofern »naiv«, als sie keinerlei Verständnis dafür aufbringen kann, warum Millionen von Menschen dieser Ideologie gefolgt sind.

Dem Nationalsozialismus gelang es in einem erstaunlich hohen Ausmaß, eine Selbstmythologisierung als Opfer herzustellen, von der die Bewegung immer wieder ihr Sendungsbewußtsein (= Feindbildbewußtsein) und ihre zerstörerische Kraft bezog.

Mythologisierungen sind vereinfachte, bildhafte Deutungen der Wirklichkeit. Das Denken kommt bislang ohne sie nicht aus und muß sich ihrer lügenhaften Verführungskraft doch immer bewußt sein. Die Konnotation von Volk und Opfer ist eine solche Mythologisierung. Sie erzeugt eine imaginierte Versöhnung über alle internen Gegensätze hinweg. Die Realität der Gegensätze von Klassen, Ideologien oder auch nur persönlichen Ressentiments wird in zwei Teile zerlegt: in das Bild des versöhnten Volkes und in das Bild des Gegensätzlichen. Die Vielfalt des Gegensätzlichen geht darin genauso verloren wie Differenzen und Gegensätze im Volk. Im »Juden« hatte der Nationalsozialismus ein solches Feindbild geschaffen, das er auf allen Konfliktebenen anwandte: Es diente der rassischen, der antikapitalistischen (»internationales Finanzjudentum«) und der antimarxistischen (»jüdische Bolschewiken«) Agitation.

Der Nationalsozialismus hat zwar Sachprogramme verwirklicht, aber die dazu nötige Tatenbereitschaft der Massen hat er durch emotionale Mythologisierungen aufgebaut. Diese Machtstrategie forderte in Weltanschauungsfragen eine taktische Flexibilität. Im Bereich der philosophisch-moralischen Grundsätze, der Ideologie und der politischen Programmatik gab es keine eindeutigen Festlegungen. Die außen- und rassenpolitischen Ziele, denen ein eindeutiger Vorrang zukam, wurden vor allem über Mythologisierungen begründet. Diese Mythologisierungen gilt es zu durchschauen. Die Geschichtserzählung, der es um das Verstehen geht, darf sie nicht nachempfinden, sondern sie muß eine neue Sprache für sie finden.

Das Seltsame ist, daß die Simulation von Faschismus und Nationalsozialismus, und zwar ihre besonders künstliche und künstlerische Repräsentation durch Bilder, Filme, Bücher, bei uns Nachgeborenen Betroffenheit und Ablehnung hervorzurufen vermögen, die diese Realität selbst bei den Zeitgenossen offenbar nicht bewirken konnte. Den Millionen von Ermordeten, Eingekerkerten und Erniedrigten standen nämlich, trotz fortschreitender Industrialisierung des Gesellschaftlichen, immer noch Millionen von Mördern, Helfern, Denunzianten und vielfältigen Vollziehern der faschistischen Politkultur gegenüber, die genau wußten, was geschah, und die dennoch mitmachten. Und weitere Millionen von Zuschauern, die oft nicht wußten, wobei sie zusahen.

Millionen wußten, was geschah. Aber wußten sie, wie ihnen geschah? Und wissen es wir heute? Wissen wir wenigstens, wie uns geschieht?

Es ist dies keine theoretische Frage, keine Seminarübung für Geschichtsphilosophen, die nach einem Geheimnis hinter dem Wirklichen suchen, sondern die zutiefst praktische, ganz und gar unser tägliches Leben betreffende Frage nach der Weise unseres geschichtlichen Handelns. Wollen wir der Frage, wie den Menschen geschah, die Geschichte auf diese grausame Weise vollzogen, näherkommen, müssen wir den Nationalsozialismus auch als kulturelle Massenbewegung weiter Teile des österreichischen und deutschen Volkes begreifen, als Alltag, zu dem das Empfinden von Freiheit und Glück genauso gehörte wie die Erniedrigung und Ermordung von Menschen, beides als Zeichen des Ausbaus und Vollzugs der eigenen Bewegung. Man vergißt leicht, daß es viele Menschen gab, die den Nationalsozialismus als offenere Gesellschaft erlebten, weil er ihnen neue Wege des Aufstiegs bot, die weitgehend unabhängig waren von der sozialen Herkunft und der materiellen Lage.

Solches Mitläufertum, solcher Karrierismus und Opportunismus sind leichter zu verstehen als der mangelnde Widerstand dort, wo der Greuel vor der Haustür stand. Warum ließen es die Österreicher zu, daß in den letzten Kriegsmonaten, als schon alle Fronten des Dritten Reichs zusammengebrochen waren, noch Tausende von Menschen in einem langen Fußmarsch quer durch ganz Ostösterreich nach Mauthausen in den Tod getrieben wurden? Was mit diesen ausgehungerten Menschen geschehen würde, war damals schon bekannt. Man konnte in Engerau, Persenbeug und anderen Orten zusehen, wie die Marschunfähigen von den begleitenden Truppen und ortsansässigen NS-Leuten auf offener Straße ermordet wurden. Und das zu einer Zeit, als in Wien bereits die Provisorische Nachkriegsregierung zusammentrat.

Wie geschah denjenigen, die in den vielen Kleinstädten und Dörfern am Wegrand standen, die aus Küche und Wohnzimmer herausschauten – und nichts taten? Woher kam dieses einmalig hohe Maß an Loyalität zu diesem Regime bis an sein äusserstes Ende, während dem Widerstand bis zuletzt die Massenbasis fehlte?

Die Zweite Republik hat wenig getan, um diese Frage zu beantworten. Sie hat alles getan, um sie zu umgehen. In Frage stehen nicht einfach zwölf Jahre des Nationalsozialismus, in Frage steht unsere Kulturtradition, die diese Barbarei hervorgebracht hat. In Frage steht unsere eigene Wertorientierung und damit unser heutiges geschichtliches Handeln.

Ich möchte meine Landsleute daran erinnern, daß die Österreicher, die nur 8,5 % der Bevölkerung des Nazi-Reichs ausmachten, eine überdimensional hohe Zahl an NS-Mordkommandanten stellten, und daß etwa die Hälfte der sechs Millionen ermordeter Juden zu Lasten der Befehlsgewalt von Österreichern gehen. Kaum ein Konzentrationslager, in dem nicht an leitender Stelle Österreicher saßen, kaum eine Sondereinsatztruppe, zu der sich nicht Österreicher freiwillig gemeldet hatten. Da war Ernst Kaltenbrunner, der Chef der Gestapo, Seyß-Inquart, der zuerst Österreich »heimführte« und dann mit einem Klüngel weiterer Österreicher die Niederlande »arisierte«, da war Franz Stangl, der Kommandant von Treblinka, Karl Fritsch, der Kommandant von Flossenbürg, da war Herbert Gerbing, der »Schlächter von Prag«, da waren Burger und Seidl, die Kommandanten von Theresienstadt, da war Odilo Globocnik, der zuerst Gauleiter von Wien war und dann Verantwortlicher für die Vernichtungslager Treblinka, Sobibor und Belzec, da war Sommern-Frankenegg, der Kommandant des Warschauer Ghettos, Franz Murer, der Herrscher im Ghetto Wilna, Eduard Roschmann, der Herrscher im Ghetto von Riga, da war, nicht zu vergessen, ihrer aller Chef: Adolf Eichmann.

Und doch wäre es ganz falsch, die Auseinandersetzung mit der eigenen Geschichte durch eine Personalisierung der nationalsozialistischen Macht zu betreiben und den Nationalsozialismus einfach als antihumanistische Mentalität einiger, und seien es österreichischer, Schlächter zu verstehen. Denn die menschenunwürdigsten und blutigsten Jahre der Weltgeschichte, an die sich viele Zeitgenossen entweder hilflos oder mit einer primitiv zurechtgebastelten Psychologie der Selbsterhaltung zurückerinnern, lassen sich nicht reduzieren auf den gewaltigen Aufstieg einer Verbrecherbande. Tatsächlich wurden diese paar Jahre Geschichte von Massen gestaltet: Millionen von Menschen, die an der Vernichtung von Millionen von Menschen mitwirkten, mitten im europäischen Kulturraum, unter Hochhaltung seiner Tradition, mitten in der Hochburg des abendländischen Christentums, das in diesem Gebiet, in unserem Gebiet, mit seinem obersten Grundsatz der Nächstenliebe über ein Jahrtausend zentraler Bestandteil der Kultur war.

Nationalsozialismus ist Geschichte in ihrer bisher radikalsten Form: in der radikalsten Abwendung von der Theodizee, in der größten Selbstermächtigung des Menschen. Noch nie wurde Geschichte so zerstörerisch betrieben wie in den Jahren der NS-Herrschaft. Die Aufklärung ist Voraussetzung eines solchen Geschichtsvollzugs. Da hat Bernard-Henri Levy sicher recht.

Ich möchte aber Levys These, »die Endlösung (sei) im christlichen Kontext undenkbar«, nicht nur widersprechen, sondern im Gegenteil behaupten, sie ist aus diesem Kontext hervorgegangen. Die nationalsozialistische Verherrlichung der instrumentellen Vernunft und des technischen Fortschritts hat die Abschlachtung der jüdischen Bürger nicht hervorgebracht, sondern die moderne, bürokratisch-industrielle Methode der Durchführung geschaffen.

Aber der Boden der nationalsozialistischen Gesinnung liegt nicht in der Verherrlichung gesellschaftlich-technischer Modernität, liegt nicht in ihrer aufgeklärten Haltung gegenüber geschichtlicher Transzendenz, sondern in ihrer quasireligiösen Liturgie des kulturellen Vollzugs, in ihren Todes- und Erlösungsritualen, die bei keiner nationalsozialistischen Kundgebung und Feierstunde fehlen durften. Die Empfänglichkeit für solche Rituale wurde in unserem Kulturraum seit gut einem Jahrtausend vom Christentum vorbereitet. So ist der Nationalsozialismus *auch* das Ergebnis von zweitausend Jahren Christentum; nicht nur wegen der liturgischen Konditionierung der Menschen, sondern auch wegen einiger christlicher Mythologisierungen. Man kann das Judenbild des historischen Christentums nicht einfach von der Wannsee-Konferenz abziehen. Begriffe wie »Drittes Reich« oder »Tausendjähriges Reich« wurden nicht von den Nazis erfunden, sondern stehen in einer langen geschichtsphilosophischen und theologischen Tradition der Befreiungs- und Erlösungserwartung der Menschen. Der Nationalsozialismus bildet keine Enklave der europäischen Geistesgeschichte.

Die abendländischen Werte, mit ihnen die christlichen, konnten sich offensichtlich nicht gegen die faschistische Praxis sperren. Sie waren geschichtlich – auch kirchengeschichtlich – schon so ausgehöhlt, daß ihre Inhalte, unter Inkaufnahme kleinerer Konflikte, jeweils den Machtstrukturen entsprechend gedeutet werden konnten. Mir ist keine europäische Machtstruktur bekannt, die sich selbst als antihumanistisch definiert hätte. Wird die humanistische Idee aber solcherart politisch objektiviert, im Sinne einer Selbstdefinition der Macht als humanes historisches Prinzip, benötigt sie zu ihrer realen Durchsetzung der ebenso objektivierten Definition ihres Gegenteils, des Antihumanums, das ihr im Weg steht.

Die vielgepriesenen Werte waren weniger inhaltlich in der abendländischen Gesellschaft verankert als vielmehr in Form von Zeichen, von Symbolen und Ritualen, von Liturgien und Bildern, und zwar genau jenen kulturellen Zeichen, über die sich auch Machtstrukturen aufbauen. Machtstrukturen, die freilich dann als solche von den Menschen, die sie kulturell vollziehen, oft gar nicht mehr erkannt werden, sondern nur mehr von den Opfern.

Christa Wolf schreibt: »Immer sind es die Opfer, die etwas über ihre Henker wissen; nie ist es umgekehrt.« Das ist so, weil die Gewalttätigkeiten von ihren Trägern wieder nur als Zeichen und Symbole, als Vollzug von »Wahrheiten« (die in Wirklichkeit Mythologisierungen sind), aber nie in ihrer wirklichen Grausamkeit wahrgenommen werden. Aber in Österreich soll alles ganz anders sein: Hier gibt es die Opfer, die nichts über ihre Täter wissen.

Solange das Gesellschaftliche durch Machtstrukturen zusammengehalten wird – und ein Ende derselben ist nicht absehbar –, gibt es keine Sicherheit in der Geschichte, nichts, das endgültig erreicht werden könnte: kein Wert, der sich anders als historisch und innerhalb einer bestimmten Machtstruktur definieren darf, keine Erkenntnis, die mehr wäre als vorläufig, keine Kultur jenseits des Politischen, kein Schönes jenseits der Barbarei.

Während die größte Armee der Geschichte, nämlich 3 Millionen Soldaten, über die Sowjetunion herfiel, um dort 20 Millionen Tote zu hinterlassen, veranstaltete der Romanautor, promovierte Germanist und begeisterte Klavierspieler Joseph Goebbels, der in einer katholischen Schule erzogen worden war, in Wien die größte Mozart-

Verehrung, die es bis dahin gegeben hatte. Auch Gustaf Gründgens, Hans Albers, Helmut Käutner, Willy Birgel, Paula Wessely, Herbert von Karajan, Karl Böhm und viele andere gaben ihr Bestes, um das große Kulturvolk bei Laune zu halten.

Verdrängung unserer Abkunft, aber auch die sich aufgeklärt gebärdende Meinung, man könne das Vergangene *bewältigen*, sind nichts als bequeme Selbstvergessenheit, die uns unser politisches Leben auf Dauer nicht leichter, nur schwerer machen wird.

Die Erinnerung hat die traditionellen Instanzen verloren, die sie lebendig halten können. Es hat sich gezeigt, daß die neuzeitlich kultivierte Gefühlswelt dem Nationalsozialismus nicht gewachsen war. Ihr ging die Realität verloren. Wer soll sich heute an die Realität von damals erinnern, wenn er sie damals gar nicht sah? Das Gefühl vermochte zwischen Realität und Inszenierung nicht mehr zu unterscheiden. Die Realität war nur über die Inszenierung wahrnehmbar.

Staat, soziale Organisation, die Medien, die Parteien usw., sie alle sollen den Menschen dienen und nicht umgekehrt. Dies kann als aufgeklärter republikanischer Grundkonsens gelten, sozusagen als politischer Wert. Man kann sich leicht auf ihn berufen. Man kann mit ihm Diktaturen errichten, und man kann mit ihm gegen sie Widerstand leisten. Der Nationalsozialismus hätte keine Chance gehabt, wäre es ihm nicht gelungen, zumindest bei seinen willfährigen Helfern und Vollstreckern das Gefühl zu erzeugen, die Neuorganisation des Staates entspreche diesem Grundsatz. Die allgemeine Form dieses Grundsatzes, den man in bester Absicht politischer Kritik wieder oft hören kann, trägt in sich schon die Tendenz zur Mythologisierung. Das Bild *des* Menschen blendet alle Interessenskonflikte und Grundsatzdifferenzen aus, so als könnte es eine Politik geben, die allen Menschen dient und nicht immer nur bestimmten Menschengruppen.

Ein mythologisierter Grundsatz kann nur ans Gefühl appellieren, an ein Gefühl, das die Realität nur mythologisierend deutet, das alles Sichtbare, Hörbare, Spürbare nach den Intentionen einer Idee wahrnimmt. Das Gefühl leistet hier eine Vermittlungsarbeit von Realität und Idealität (Idee). Daß Ideen gefährlich werden können, gilt heute als Banalität. Man denkt an Ideen, denen zufolge bestimmte Menschengruppen nicht nur der Status eines vollwertigen Menschen mit den ihm, je nach Ideologie, zugebilligten Rechten, Handlungsräumen und Ausdrucksmöglichkeiten abgesprochen wird, sondern gleich das Recht, überhaupt zu leben. Eine solche Idee ist gefährlich, und sie hat dies unter Beweis gestellt. Und doch ist selbst diese Idee nichts ohne die entsprechenden Gefühle, die sie mit der Realität vermitteln und in ihr erst wirksam werden lassen.

Neuerdings sollen die Werte wieder etwas gelten, so als hätten sie in diesem Jahrhundert keine Geschichte gehabt, als wären sie in ihrer Substanz nicht von Grund auf als Illusion entlarvt worden. Im ökonomischen Handeln sind Werte Tauschäquivalente. Man kann sie anhäufen, als wären sie etwas Substantielles. Doch eine Umstrukturierung des Welthandels kann bewirken, daß ein Stück Gold, das man stolz verwahrt hat, nur mehr ein Stück glänzendes Metall ist, unter Umständen nicht einmal mehr die Arbeitskraft wert, die man zu seiner Förderung und Bearbeitung benötigt. So ist es auch mit den sozialen Werten. Sie leben von der Illusion, etwas Substantielles zu sein, etwas, woran man sich halten kann, worauf man pochen kann wie auf einen Besitz.

Werte sollten einst die Art des Umgangs mit der Realität festlegen. Eine konkrete Differenzierung schaffen zwischen Aneignen und Distanzieren, zwischen Sympathie und Antipathie, zwischen Fördern und Ablehnen, zwischen Unterstützen und Bekämpfen. Sie sollten ein kritisches Handlungsmaß sein, ein rationales Korrektiv für die Praxis. Was ist daraus geworden? Abstraktion von Realität, Absenz von Realität, Ersatz für Realität. Sie sind äußere Signale für bloß innere Gesinnung. Sie sind soziale Tauschäquivalente. Wer es mit den Werten hält, fühlt sich der konkreten Verstrickung in schlechte Zustände und Ereignisse enthoben. Werte sind Absolutionsformeln für das eigene Handeln geworden.

Die Art, wie die Großparteien nach 1945 die Staatsmacht übernahmen, nannte der Historiker Siegfried Mattl eine »Refeudalisierung der Politik«. Mit einem Selbstverständnis, das man nur mehr zynisch nennen kann, teilten sich die Eliten der Parteien die alten Machtpositionen auf, als hätte der kaum überwundene Faschismus nicht gerade dieses Machtprinzip in Frage gestellt. Bis die Bevölkerung am 25. November 1945 gefragt wurde, waren bereits alle Weichen gestellt. Die Erfüllung der primitivsten Lebensbedürfnisse

(Wohnung, Arbeitsplatz) wurde von der Gnade der Parteien abhängig, selbst noch das Bedürfnis nach Widerstand. Der Österreichische Gewerkschaftsbund (ÖGB) wurde derart autoritär organisiert, daß die Basis praktisch nichts mitzureden hatte und jede Hilfestellung zu einem Gnadenakt der Funktionäre wurde. Die höchsten Funktionäre brauchen sich keiner Wahl durch die Basis zu stellen. Für den gewöhnlichen Staatsbürger blieb in der Zweiten Republik wieder keine andere Rolle als die des Mitläufers und Opportunisten.

Opportunismus ist eine, oft gar nicht so einfache, Form von Selbstbehauptung, vielleicht manchmal – sicher nicht heute – die einzige Form, die bleibt, will man nicht alles riskieren. Aus der äußeren Not, mit mißlichen Umständen zu Rande kommen zu müssen, ist längst das Bedürfnis geworden, sich der politischen Realität anzupassen. Der Opportunist schmiegt sich an die tückische Umwelt so hautnah an, daß er als deren Spiegelbild erscheint. Er gibt dem Politiker das Gefühl, genau jene Politik zu betreiben, die dem Bürger entspricht. Aber kann eine politische Macht mit so vorschnell Angepaßten überhaupt zufrieden sein? Für die Politik der Gefühle stellt sich die Frage umgekehrt. Können die Österreicher mit so vorschnell angepaßten Politikern zufrieden sein? Nehmen die Politik noch ernst? Mit Waldheim bekamen viele Österreicher ihren eigenen Opportunismus als pflichtgemäßes Handeln bestätigt. Der seinerzeitigen Pflicht des Vergessens der Humanität steht nunmehr die Pflicht des Vergessens dieses Vergessens gegenüber. Der Opportunist ist der Mensch ohne Vergangenheit.

Die Waldheim-Werbung hat geschickt Früchte geerntet, deren Samen auch von der Sozialdemokratie gesät wurden. Die SPÖ hat mitgeholfen, die alten Nazis wieder hoffähig zu machen, sie wollte den ehemaligen SS-Mann Friedrich Peter sogar zum Nationalratspräsidenten küren. Kreisky hat sich nicht dagegen verwahrt, daß seine Haltung zur Nahost-Politik auch wegen alter antisemitischer Ressentiments Unterstützung fand. Er hat es fehlen lassen an Abgrenzung gegenüber der Mentalität der Ehemaligen. 1975 sagte Kreisky: Dreißig Jahre sind genug. Jetzt sind es fünfzig Jahre, und noch immer ist es zuwenig.

Der Kriegsverbrecher Klaus Barbie kann von sich behaupten, in Südamerika eine Zeitlang von österreichischen Steuergeldern gelebt zu haben. Die verstaatlichten Steyr-Werke haben ihm Provisionen für Waffengeschäfte gezahlt. Mit österreichischen Waffen wurde die bolivianische Bevölkerung beim Militärputsch im Juli 1978 in Schach gehalten. Im Jänner 1983 schlossen die Steyr-Werke einen neuen Vertrag mit Barbies Leibwächter Castro.

Die österreichischen Militärs wollten 1987 unbedingt Abfangjäger (Saab Draken) kaufen. Die Sozialdemokraten stellten ihnen dafür die Milliarden bereit, so als hätten sie ihr Sozialprogramm schon verwirklicht. Ein Spielzeug für die Militärs war ihnen wichtiger als die Beseitigung der Armut.

Als nächstes wollten die Militärs auch noch Raketen, obwohl der Staatsvertrag Österreich solche Waffen verbot. Bundespräsident Waldheim versprach, daß er Konsultationen mit den Signatarstaaten über eine diesbezügliche Revision des Staatsvertrags unterstützen würde. Generaltruppeninspektor Othmar Tauschitz kam dieser diplomatische Aufwand übertrieben vor: »Mutige eigenständige Interpretationen des Staatsvertrags« würden es auch tun.

Das ließ die Regierung aufhorchen. Sie entschloß sich zur Streichung jener Bestimmungen des Staatsvertrags, die sie nicht mehr haben wollte. Im März 1990 teilte sie den vier Signatarstaaten mit, »daß die Artikel 12–16 sowie 22 Z. 13 des Staatsvertrags obsolet sind«. Die Bestimmungen betrafen das Lenkwaffenverbot und Luftfahrtregulative. Weil man gerade dabei war, sich um eine EU-Mitgliedschaft zu bewerben, strich man auch noch das Verbot, die verstaatlichte Industrie an deutsche Unternehmen zu verkaufen. Im Artikel 22 Z. 13 des Staatsvertrags hatte sich Österreich nämlich verpflichtet, »keine der ihm als ehemalige deutsche Vermögenswerte übertragenen Vermögenschaften, Rechte und Interessen in das Eigentum deutscher juristischer Personen oder (...) in das Eigentum deutscher physischer Personen zu übertragen«.

Die Signatarstaaten nahmen im November 1990 die Streichungen zur Kenntnis, betonten jedoch, daß sie den Staatsvertrag nach wie vor als friedenserhaltend einschätzen. Da die Regierung am Staatsvertrag lieber unter Ausschluß des Volks herummurkst, so als lebten wir nicht in einer Republik, sondern in einer Resekret, hielt sie es für angebracht, die Chose lieber nicht der Plenardebatte des Parlaments vorzulegen. So kamen wir in die absurde Situation, daß Gesetze außenpolitisch für obsolet erklärt wurden, die innenpolitisch nach wie vor Gültigkeit haben.

Doch dem Größenwahn der österreichischen Militärs ist seit der Lösung ihrer Staatsvertragsfesseln keine Grenze mehr gesetzt. In den nächsten Jahren, so haben sie mit der Regierung vereinbart, sollen die Streitkräfte für hundert Milliarden Schilling aufgerüstet werden. Gegen wen wollen sie kämpfen? Von einer militärischen Bedrohung ist nämlich nach dem Zusammenbruch der kommunistischen Staatenwelt und ihrer militärischen Allianz weit und breit nichts zu sehen.

Immer noch ist Österreich dabei, die Chancen, die sich diesem Land 1955 eröffnet haben, sukzessive zu verspielen. Gerade weil Österreich als Kriegsmacht (zum Glück) belanglos geworden ist, hätte es die Chance, aller Welt eine Entmilitarisierung der Gesellschaft vorzuführen. Gerade weil Österreich keinem der Machtblöcke eingegliedert ist, bestünde hier die Chance, Schluß zu machen mit jenen Gaukeleien, mit denen Parteien auf Stimmenfang gehen, und statt dessen Politik zu machen als das, was sie in ihrer republikanischen Bedeutung einst sein sollte: Selbstorganisation einer kritischen Öffentlichkeit, die, von der kleinsten Einheit bis zur großen Staatspolitik, ihre Belange im Bewußtsein ihrer historischen Verantwortung vollzieht. Dazu bedarf es freilich erst der lange genug versäumten kulturellen und politischen Auseinandersetzung darüber, was historische Verantwortung überhaupt sein kann. Sicher keine abgemachte Erkenntnis zur Rechtfertigung der eigenen Besserwisserei, sondern eine ständig neu zu erringende und neu zu kritisierende Erkenntnis über die Weise unseres gegenwärtigen Vollzugs von Geschichte. Eine Erkenntnis aber allemal. Ich denke, daß das vierzigjährige Versäumnis für viele, die damals dabei waren, nicht mehr gutzumachen ist. Um so mehr müssen wir Nachgeborenen uns mit diesem Versäumnis als mit unserer eigenen Gegenwart befassen.

Woher sonst, wenn nicht aus der Geschichte, und damit auch aus der Geschichte unseres Umgangs mit Geschichte, sollten wie erfahren, wie es mit uns steht. Kein Gott und kein Schicksal wird uns retten, wenn wir nicht durch ständige Anstrengung – durch ständige Kritik und ständigen Widerstand – unser Geschick jenen Strukturen entreißen, in denen es zur Kausalität der Sachzwänge und zur Kausalität der Gefühlszwänge, zur eigentlichen Geschichtslosigkeit mit unabsehbaren Folgen, zu verkommen droht.

Walter Benjamin hat Faschismus als Ästhetisierung der Politik beschrieben. Die Politik der Gefühle arbeitet auf diesem gefährlichen Terrain. Um so wichtiger ist es, ihr entgegenzutreten. Gefühle, sagt man, sind harmloser als Gedanken. Ich hoffe mit dieser Arbeit ein wenig zur Erkenntnis und zum Gefühl dafür beigetragen zu haben, daß für die Politik das Gegenteil gelten kann. Natürlich kommt Politik ohne Gefühle nicht aus. Aber sie darf sich nicht dem Status quo der Gefühlswelt unterwerfen, sondern sie muß umgekehrt Gefühle zur politischen Diskussion stellen. Das Werben um Wählerstimmen muß sich vom Werben für Coca-Cola deutlich unterscheiden lassen.

Josef Haslinger
Opernball
Roman
480 Seiten. Leinen

»Ich sah den Massenmord auf zwanzig Bildschirmen gleichzeitig.« Josef Haslingers Roman erspart den Lesern nichts. Die Gäste des pompösen Wiener Opernballs werden zum Ziel eines Terroranschlags. Ein Fernsehjournalist, der die Live-Übertragung aus den Ballsälen koordinieren soll, beobachtet das Verbrechen hilflos auf den Monitoren. Sein eigener Sohn ist unter den Opfern. Die Kameras laufen weiter und senden weltweit auf zahllose Bildschirme das Sterben von Tausenden. Das Attentat verändert die politische Landschaft. Der TV-Journalist versucht, von Trauer um seinen Sohn getrieben, die Hintergründe des Anschlags zu klären. Sie sind verworren, von Schlamperei und Zufällen geprägt. Mindestens so verworren wie das Weltbild jener kleinen Gruppe von »Entschlossenen«, die das Morden vorbereitete. Haslingers Roman entwirft das Panorama einer vom Terrorismus bedrohten Wohlstandsgesellschaft. Das Buch hat die Spannung und Präzision eines Politthrillers. Es ist klar und unerbittlich geschrieben – so, wie jene Kameras das Sterben in den Ballsälen aufzeichneten. Der Roman zeigt die grotesken politischen Widersprüche auf zwischen Liberalität und Bedürfnis nach Sicherheit; den kaum kontrollierten Einfluß der Massenmedien auf Alltagsleben und Regierungsentscheidungen; das fatale Zusammenwirken von wiederaufflammendem Nationalismus, Fremdenfurcht und politisch motivierter Gewalt.

S. Fischer

Josef Haslinger
Der Tod des Kleinhäuslers Ignaz Hajek
Die mittleren Jahre
Zwei Novellen
Band 12917

Josef Haslinger wagt sich in seinen beiden Novellen an die großen Themen des Menschseins heran: an Liebe und Tod, Hoffnung und Niederlage, Schuld und Angst. Erzählt wird die ergreifende Geschichte des Kleinhäuslers Ignaz Hajek, der durch Verzicht und Entbehrungen eine alte (Liebes-)Schuld abgetragen hat, sowie seines Sohnes Josef, dem sich in der Konfrontation mit der wahren Herkunft die Chance eines Neuanfangs auftut. Erzählt wird außerdem die Geschichte des Bauern Gruber, der nach einem mühseligen Leben knapp fünfzigjährig an Krebs stirbt. In einer leisen, scheinbar kunstlosen Sprache gelingen Haslinger Biographien und Milieuschilderungen, die sich tief ins Bewußtsein graben.

Fischer Taschenbuch Verlag

Josef Haslinger
Das Elend Amerikas

Elf Versuche
über ein gelobtes Land
Band 11337

Amerikas Macht ist weltweit unangefochten – aber Glanz verbreitet sie nicht. Josef Haslinger hat die USA über ein Jahr lang bereist. Sein Fazit ist ernüchternd: Ohne die Liberalität des Landes zu verleugnen, beschreibt er dessen soziale, kulturelle und wirtschaftliche Misere. Eine aktuelle Bilanz, die die Augen öffnet für ein anderes Amerika: Haslinger beschreibt den Höhenflug des amerikanischen Selbstwertgefühls nach dem Sieg im Golfkrieg, aber auch dessen Niedergang angesichts des inzwischen unübersehbar gewordenen wirtschaftlichen Desasters der USA, er analysiert die traditionelle Hingabe der Amerikaner für Prediger, Wunderheiler und Seelenmänner und folgt den Spuren der Auseinandersetzungen um »politisch korrektes Denken« (Political Correctness) an den amerikanischen Universitäten.

Fischer Taschenbuch Verlag

Österreich erzählt
27 Erzählungen
Ausgewählt und mit einer Nachbemerkung von Jutta Freund
Band 9283

Österreich erzählt – von Träumen und Erinnerungen, von Einsamkeit und Tod, vom Lachen und Vergessen. 27 österreichische Autoren schreiben bissig, böse, witzig oder wehmütig über ihr Land, über historische Ereignisse, über seine Bewohner, schreiben ihre Geschichten – jeder auf seine charakteristische Art und Weise. Die hier gesammelten Erzählungen zeigen in ihrer Vielfalt die Spannweite und die verschiedenen Strömungen der österreichischen Prosa unseres Jahrhunderts. Sie geben die Stimmung dieses Landes wieder, des Landes, das Hans Weigel »die Synthese aller Welten«, das »staatsgewordene Paradoxon« nannte, in dem man »deutsch sprechen kann, ohne Deutscher zu sein«. Eine Mischung aus Heiterkeit und Melancholie tritt uns entgegen, diese typische Mischung, die zu so vielen nicht nur literarischen Bildern und Vergleichen schon Anlaß gab.

Es erzählen:
*Ilse Aichinger, Peter Altenberg, H.C. Artmann,
Ingeborg Bachmann, Alois Brandstetter,
Franz Theodor Csokor, Heimito von Doderer, Erich Fried,
Barbara Frischmuth, Marlen Haushofer, André Heller,
Fritz von Hermanovsky-Orlando, Hugo von Hofmannsthal,
Ödön von Horváth, Elfriede Jelinek, Robert Musil,
Alfred Polgar, Helmut Qualtinger, Christoph Ransmayr,
Peter Rosei, George Saiko, Arthur Schnitzler, Jutta Schutting,
Jura Soyfer, Franz Tumler, Franz Werfel,
Stefan Zweig.*

Fischer Taschenbuch Verlag

Wien erzählt
25 Erzählungen

Ausgewählt und mit einer Nachbemerkung
von Jutta Freund

Band 12732

Wien erzählt lädt ein zu einer literarischen Entdeckungsreise durch eine der wichtigsten deutschsprachigen Metropolen. Allein in diesem Jahrhundert hat Wien Atemberaubendes erlebt: Zu Anfang noch den Glanz der Österreich-ungarischen Monarchie, danach die sozialen Unruhen im arg zusammengeschrumpften Rumpfstaat, den »Anschluß« ans nationalsozialistische Deutsche Reich und schließlich den Aufbau einer Demokratie im neutralen Nachkriegsösterreich. Diese Anthologie spiegelt Geschichte und Gegenwart, Mentalität und Atmosphäre dieser unvergleichlichen Stadt.

Es erzählen:
*Ilse Aichinger, Peter Altenberg, H.C. Artmann,
Ingeborg Bachmann, Hermann Broch, Veza Canetti,
Elias Canetti, Milo Dor, Josef Haslinger, André Heller,
Fritz von Hermanovsky-Orlando, Hugo von Hofmannsthal,
Ernst Jandl, Karl Kraus, Anton Kuh, Robert Menasse,
Robert Musil, Alfred Polgar, Christoph Ransmayr,
Gerhard Roth, Joseph Roth, Arthur Schnitzler,
Hilde Spiel, Dorothea Zeemann,
Stefan Zweig.*

Fischer Taschenbuch Verlag

Gerhard Roth
Das doppelköpfige Österreich
Essays, Polemiken, Interviews

Herausgegeben von
Kristina Pfoser-Schewig
Band 12914

Gerhard Roth genießt einen nahezu legendären Ruf als engagierter Essayist, der unermüdlich gegen Mißstände in Österreich polemisiert. Dieser Band versammelt Beiträge der letzten 10 Jahre, die Roth in überregionalen Zeitungen publiziert hat. Seine Artikel sind Aufschreie gegen Antisemitismus und Fremdenparanoia in Österreich. Mit analytischer Wahrhaftigkeit spürt Roth die Ursachen für Verdrängung und Kleingeistigkeit auf und erkundet Wesen und Mentalität der österreichischen Republik.

Fischer Taschenbuch Verlag

Gerhard Roth
Die Archive des Schweigens

Band 1: *Im tiefen Österreich*
Bildtextband. 212 Seiten mit 65 vierfarbigen und
125 schwarz-weiß Abbildungen. Leinen
und als Band 11401

Band 2: *Der Stille Ozean*
Roman. 247 Seiten. Leinen
und als Band 11402

Band 3: *Landläufiger Tod*
Roman. Illustriert von Günter Brus
795 Seiten. Leinen
und als Band 11403

Band 4: *Am Abgrund*
Roman. 174 Seiten. Leinen
und als Band 11404

Band 5: *Der Untersuchungsrichter*
Die Geschichte eines Entwurfs
Roman. 172 Seiten. Leinen
und als Band 11405

Band 6: *Die Geschichte der Dunkelheit*
Ein Bericht. 159 Seiten. Leinen
und als Band 11406

Band 7: *Eine Reise in das Innere von Wien*
Essays. 288 Seiten mit 20seitigem Bildteil. Leinen
und als Band 11407

S. Fischer

Gerhard Roth
Der See
Roman
240 Seiten. Leinen

Paul Eck ist Vertreter für pharmazeutische Produkte. Überraschend erhält er einen Brief von seinem Vater, den er seit der Scheidung seiner Eltern nicht gesehen, den er nie wirklich kennengelernt hat. Der Vater lädt ihn ein zu einem Besuch am Neusiedler See. Trotz großer Vorbehalte macht sich der Sohn auf die Reise. Doch am Tag seines Eintreffens verschwindet der Vater spurlos, bevor die beiden sich begegnen. Es wird ein Bootsunfall auf dem See vermutet, dessen eigentümliche meterologische und geographische Gegebenheiten berüchtigt sind. Der Sohn spürt seinem Vater nach und versucht, ihn – oder wenigstens seinen Leichnam – ausfindig zu machen. Er muß erkennen, daß sein Vater in allerlei dunkle Geschäfte und windige Vorhaben rund um den See verstrickt war. Bei den Anwohnern des Sees macht der Sohn sich mit den falschen Fragen zum falschen Zeitpunkt rasch unbeliebt, seine Suche wird keineswegs unterstützt, sondern nachdrücklich behindert. Gerhard Roths handlungsreicher und suggestiv erzählter Roman nimmt Elemente der klassischen Detektivgeschichte auf.

S. Fischer

Gerhard Roth
Eine Reise in das Innere von Wien
Essays
Band 11407

Jahrelang durchforschte Gerhard Roth die lichtabgewandten Bezirke Wiens. Auf seinen Streifzügen durch die österreichische Hauptstadt ließ er sich nicht vom Glanze der ehemaligen K. u. k. Residenzstadt blenden. Er blickte tiefer. Er suchte und fand deren realen und ihren seelischen Untergrund. In den Magazinen von FAZ und ZEIT publizierte Roth eine Serie mit seinen Erkundungen. Diese Essays sind in diesem Band versammelt. Roth berichtet darin vom ehemaligen Hetztheater (in dem Tiere so lange aufeinander gehetzt wurden, bis sie todwund verendeten), von den Katakomben in der Inneren Stadt, von den geistesverwirrten Künstlern in der psychiatrischen Anstalt Gugging, vom ehemaligen Judenviertel in der Leopoldstadt; Roth beschreibt weiterhin das stadtbekannte Männerwohnheim in der Meldemannstraße, in dem Hitler knappe vier Jahre zugebracht hat, stattet dem sogenannten Narrenturm und dem Heeresgeschichtlichen Museum Besuche ab. Und überall spürt Roth, metaphorisch gesprochen, Ratten auf – an einer Stelle des Buches heißt es: »Unter der Erde Wiens leben eine Million Ratten, oben eineinhalb Millionen Wiener.« Unversehens gerät dieser Band zu einem Reiseführer durch die Abgründe der österreichischen Seele. Der von Geschichte und Psychoanalyse faszinierte Autor stellt in seinen Exkursen Beziehungen her zu unserer Realität, zu uns Heutigen.

Fischer Taschenbuch Verlag